清史镜鉴

——部级领导干部清史读本

第二辑

国家清史编纂委员会
国家清史纂修领导小组办公室 编

国家图书馆出版社

图书在版编目(CIP)数据

清史镜鉴:部级领导干部清史读本·第二辑/国家清史编纂委员会、国家清史纂修领导小组办公室编.—北京:国家图书馆出版社,2009.7

ISBN 978-7-5013-3804-7

Ⅰ.清… Ⅱ.①国…②国… Ⅲ.中国—古代史—研究—清代—干部教育—学习参考资料 Ⅳ.K249.07

中国版本图书馆CIP数据核字(2009)第110777号

书名 清史镜鉴——部级领导干部清史读本·第二辑

著者 国家清史编纂委员会
国家清史纂修领导小组办公室 编

出版 国家图书馆出版社 (100034 北京西城区文津街7号)
(原北京图书馆出版社)

发行 010-66139745 66175620 66126153
66174391(传真) 66126156(门市部)

E-mail cbs@nlc.gov.cn(投稿) btsfxb@nlc.gov.cn(邮购)

Website www.nlcpress.com

经销 新华书店

印刷 北京画中画印刷有限公司

开本 850×1168 毫米 1/16

印张 16.25

版次 2009年7月第1版 2009年7月第1次印刷

书号 ISBN 978-7-5013-3804-7

定价 48.00元

序

清朝是我国历史上最后一个封建王朝，统治中国长达268年之久，其前期在发展经济文化、巩固国家统一、加强民族团结等方面甚有功绩。中叶以后，内外矛盾尖锐，外敌入侵，国内动荡，政治日益败坏，其失误和教训，实足发人深省。清亡距今不足百年，离我们时间最近，对我们的现实生活影响较大。“今天的中国是历史的中国的一个发展”，要根据中国国情，建设中国特色社会主义，就要学习和研究历史，特别是离我们今天很近的清史。

新中国成立后为了弘扬文化、传承国脉，党和国家领导人十分重视清史纂修，曾成立相关机构进行筹备，但由于种种原因，修史之事，几起几落，一直未能启动。2002年8月，中央领导做出纂修清史的重大决定，相继成立了清史纂修领导小组、清史编纂委员会，清史纂修工程，于焉肇始。

清史纂修不仅具有重大的学术价值，还和现实生活有着密切的关系，它不是网罗奇闻异事，不是观赏陈迹古董，不是“发思古之幽情”，而是和时代脉搏的跳动息息相关。中国封建社会发展缓慢，延续了两千多年，到了清代，它具有什么特点？它的经济、政治、文化发展到了怎样的高度？清代众多的历史人物应该怎样评价？清代很多扑朔迷离的事件真相如何？为什么古代中国一直处于世界的先进行列，而到了清代却愈来愈落后？在统一多民族国家和整个中华民族发展史上，清朝统治的268年究竟处于什么地位？应该对其如何评价？如果没有外国的侵略，中国将会沿着什么方向发展，发展的前途可能会是怎么样？这些都是此次清史纂修所要研究和揭示的重大问题。

清史编纂工作自2002年启动以来，在党中央、国务院的关心下，经过海内外专家们的鼎力合作和辛勤努力，目前已有大批阶段性研究成果相继产生。在有计划、按步骤推进清史纂修的同时，为了更加全面、广泛、客观地反映纂修中取得的重要成果，及时将其应用于我国新时期新阶段社会主义现代化建设，充分发挥清史纂修在资政、存史、育人等方面的重要作用，经清史纂修领导小组副组长、文化部副部长周和平同志提议，在清史纂修领导小组办公室诸同志的努力下，于2006年7月开始编发《清史参考》。刊物集学史和资政于一体，兼顾资料性和时政性，择要刊登在清史纂修中形成的部分科研成果。内容大致涉及典章制度、名人史事、轶闻掌故、档案文献、学术争鸣、资料考证等，力求如实反映三百年清朝历史的真实面貌，给读者以较丰富、较切实之清史知识。

历史是已经逝去了的人和事的记录，是各个国家和民族的文化创造。人有反思往事的感情，有寻根问先的愿望，有从自身的经验教训中学习的天赋。人类在不断前进，但每一代人都是在前人的基础上进行创新，不断前进的。这就形成了文化的传承和历史的延续，形成了历史、现实、未来之间相通的无穷无尽的长链。现实深深植根于历史之中并通向遥远的未来。历史研究可以帮助人们在过去的远景中认识自己，并为未来的创新指点方向。历史学虽然不能像应用科学那样快速而直接地取得实用效益，但它的功能是长期的、巨大的。人类如果忘记了自己的历史，将会在现实和未来中迷失方向。历史学是传承文明、陶冶心灵、提高素质、建设社会主义精神文明所必需，也是了解社会、掌握国情、管理和建设国家、进行战略决策所必需。

《清史参考》创刊后赢得了较好的社会反响。办刊两年来，共有50余位专家在《清史参考》刊发文章。《清史参考》的作者，大多为清史纂修工作的项目承担者，也有一些是清史编纂委员会的骨干专家，都学有所长，是各自研究领域的佼佼者。所载文章不仅有很强的学术性，还多富深刻的现实意义，具有一定的参考价值，且篇幅短小、风格朴实、文字流畅，可读性强。应该说，对于现阶段社会上流行的种种“戏说”清史的文艺作品，能够起到一定的校正作用，用真实的历史史实来教育青年，教育大众。这本身也是历史学家们理应担负的一种社会责任。

近日，欣闻国家清史纂修领导小组办公室计划将《清史参考》结集出版，以扩大清史纂修的社会影响，使刊物资政、存史、育人之价值泽及社会、服务学界、繁荣文化，心喜之余，略缀数语，以为序言。

戴　逸

2008年7月28日

目　录

社会生活

思想文化

边疆民族

对外关系

人物研究

多尔衮严惩贪官

李治亭

在清朝开国史上，摄政王多尔衮无疑是决定清朝命运的关键人物之一。他在明亡清兴的关键时刻，毅然决策进关夺权；又在关键时刻，指挥关键的山海关决战，一举击败李自成，清朝顺利进关；再决策，定鼎北京；遣师战西北，李自成逃遁，至九江口而覆没；挥师下江南，扫荡残明势力；进军西南，尽收全蜀，张献忠授首…… 清朝入关仅 7 年，其势如风卷残云，国家初成一统。从一定意义上说，多尔衮之开创清朝历史新纪元，与努尔哈赤之开国奠基一样，同具深远的历史意义。

学术界关注多尔衮，多集中在清朝入关及统一全国等大事上，较少注意或往往忽略他治国方面的建树。其实，多尔衮进关即从严整顿吏治，同样展现出一个政治家的远见卓识和非凡魄力。

清朝自其前身政权后金建国，即与明朝对峙，迅速展开战争，28 年后，明朝终于不敌新兴的清朝而覆亡了。立国长达 270 多年、庞大的明王朝，何以亡国？多尔衮对此保持高度警惕，以明亡为戒，不断总结教训，用以整肃明末以来所形成的贪风。

顺治元年（1644）五月三日，即清军进入北京的第二天，多尔衮便迅速采取行动，向投诚过来的原明将吏发出了训令：各官都要痛改原明陋习，共同以忠诚、清廉相互激励，不得以剥削百姓而自利。我清朝的各级臣属，不纳贿，不徇私，不修怨，违犯者必从重惩处。你们是新归服的原明臣民，如果重犯以上所列罪过，一定以国法严惩不贷！（原文见《清世祖实录》卷五）

这以后，多尔衮利用一切机会，大谈明亡的教训。五月二十四日，进入北京二十余天，他对兵部官员说："至于明朝之破坏，俱由贪黩成风，德不称任，功罪不明所致。"六月，多尔衮召集百官，详细分析明亡的原因。大意说，明朝所以倾覆，都是由于内外各院官吏贿赂公行，功过不明，是非不辨。凡用官员，只要是有钱，即本人表现不正派也得以当官；没有钱的人，即便贤能又有才华也不能任用为官！因此，贤者都心怀怨恨而被埋没，不贤者多拉关系而侥幸为官。贤能的人不得重用，国家怎能得到治理？不贤的人靠贿赂得官，岂肯实心为官？甚至无功者用行贿的手段可以冒功请赏，有功者因不行贿而功劳被埋没。乱政坏国，皆由此而开始，其罪过，也莫大于此！如今，内外官员如尽洗去从前贪婪之念，殚忠尽力，那么，国家会给予充足的俸禄，你们将永享福贵。如果仍如以前而不悔改，还是行贿营私，有国法在，一定不会轻处，必斩首示众！（原文见《清世祖实录》卷七）

尽管多尔衮已经发出了严厉警告，不得因循原明旧习，但实际上，明末以来已败坏的吏治并未好转，相反，还有恶化的趋势。一方面，清朝刚进关，战争还在进行中，兵连祸结，饥荒四告。但满洲贵族进入北京及其他繁华都市，一改关外的简朴，乘机享乐，想法捞取钱财；另一方面，大批投入清朝的原明将吏，积习难改，还是我行我素，以为多尔衮不过是说说，或是做点表面文章。到八月初，掌管官员监察的都察院左副都御史刘汉儒报告称："近来吏治不可言矣！"他列举了很多事例，令人震惊不已。吏治败坏的情况不断报来。礼科右给事中杨时化上疏，揭露官场腐败说："诸臣年来，日从事于宴会。"一年到头，每天都参加宴会，比明朝时还严重3倍；还有，请优伶唱戏曲，更比以前严重5倍！每个官员有多少俸禄，能承受这么多淫纵事！他接着说，有的官员"才出公署即赴宴席，甚有一日几家征召者……精神既疲于宴会矣，欲其勤于政事……不可得也"。他疾呼："废职诲贪，养交乱政，此为厉阶也。覆辙在前，势所必至！"官员们都不履行职责，想着如何贪污，拉帮结伙，这是国家大乱的开始。不加纠正，必然重蹈明朝的覆辙！明朝官员早已盛行此道："京官政事外，惟拜客赴席为日课。"官员不为国事而做，惟天天会见客人，到处赴宴，明朝哪能不亡国！

清朝入关几年，吏治却不见好转。吏科给事中林起龙指出："今贪官污吏遍天下，虽有参劾，不过十之一。其他弊端较之明季更甚！"

俗云：治重病，用猛药；治乱世，用重刑。多尔衮深知此中道理，于入关初就三令五申，宣布对贪官施用极刑，表明惩贪的决心。当时，百姓受害最重者，一为加派，二为火耗，各级官员从中贪取私利。在国家向农民征收额定的赋税外，另巧立名目，增加一项或者几项税收，称为"加派"。农民在缴纳赋税时，往往用的是细碎银块，国家不便储存，易丢失，遂将这些小银块放进特制容器内加热熔化，重新铸成重量不等的银锭。在熔化过程中，银两必有损耗，不足原重量，其损耗的部分称为"火耗"，便摊派到农民身上。农民再缴纳这笔钱，实则又多纳了一份税额。加派多少，火耗多少，都由当地税官决定，银两纷纷流进了他们的腰包。所以，清初的加派与火耗实为害民的两大弊政！

多尔衮得报地方加派、火耗之事，深恶痛绝，立即发出严令：国家征收的正赋尚且不断蠲（juān，免除）免，岂容额外多取！所谓火耗，“正是贪婪积弊”，这些害民之举，即“严行禁举”。他警告：“官员犯赃，审实必斩。”同样，违禁加耗，“即以犯赃论”，必斩无疑。

多尔衮说过最严厉的一句话：“贪官必诛，何必论赃多少！”不论贪污多少只要沾个“贪”字，就必须处死！明末吏治败坏，恶习难改，至清初已成积重难返之势。多尔衮看得明白：不用重刑、重处，是无法遏制贪风继续蔓延的。他要求各级官员不论谁，只要发现贪污行贿之事，要朝闻夕奏，不得稍有迟延；知情不举，与贪官同罪并罚。顺治二年（1645）二月，借顺治帝给山西省发布“恩诏”的名义，规定：自本年二月一日起，省内一切大小官员，“但有贪贿枉法，剥削小民者，俱治以死罪”。

明末以来，盛行送礼风，尤其是官员之间、上下级关系，相互送礼，馈赠钱物，延至清初，此风更盛。多尔衮对此恶习发出了“实为可恨”的切齿声，认为是助长贪风的一大祸患，必欲除之而后安！他规定：每位官吏于“俸禄之外”多取一点点，“便是贪赃”，即以贪官罪惩治。

多尔衮亲自监督各监察部门的执法情况，遇有重大贪污案件，他便亲自处理。顺治二年，宣府巡抚李鉴揭发赤城（今属河北）道朱寿鉴贪赃枉法。朱指使其子去找英亲王阿济格的心腹绰书泰，送礼拉关系。阿济格受人之托，又是写信，又乘出师宣府地区，当面担保朱氏为忠良之人。李鉴断然拒绝。其后阿济格又派绰书泰、总兵刘芳名威逼李鉴放过朱氏。李鉴不畏权势，将此案报到北京。多尔衮下令评审，案情属实，即判处朱寿鉴、绰书泰死刑，籍没家产，刘芳名革职，给予李鉴重奖。顺治五年（1648）三月，甘肃巡按许弘祚给固山贝子满达海送去骆驼、帐房等物，分明是拉关系，谋求高升。事发，许弘祚被革职，满达海收受礼物也受到处分，所得礼品被没收。次年二月，汉羌总兵尤可望的罪行被揭发，既有贪污罪，也有奸淫妇女、妄杀兵丁诸罪。多尔衮不论其以前有何功劳，立即下令斩首处死。福建巡按周世科以“贪婪无忌”等害民罪，先判凌迟处死，多尔衮开恩，改为斩首。

多尔衮雷厉风行，反贪绝不手软，在中央与地方引起巨大震动。不幸的是，大规模反贪才刚刚开始，多尔衮便于顺治七年（1650）病逝。但是，反贪并未停止。他的侄儿、当朝皇帝顺治帝继承其遗志，继续大力反贪、惩贪。他曾说：“朝廷治国安民，首在严惩贪官。”还说：“优者选用，劣者除名，澄清吏治，大端在此。”（以上引文皆引自《清世祖实录》）这位年轻的皇帝把惩贪置于治国的首要地位，显示出他对吏治问题的深刻认识。

多尔衮反贪、澄清吏治开其端。历顺治、康熙、雍正、乾隆四帝，皆坚持反贪惩贪，终把清朝推上鼎盛！

作者简介

李治亭，1942年生，山东莒南人。吉林省社会科学院历史研究所研究员，国家清史编纂委员会委员，传记组特聘专家。主要著作有：《吴三桂大传》、《清康乾盛世》、《中国漕运史》，主编《清史》（上、下）等25部（包括部分合著），发表论文200余篇。

为政以爱民为本

李文海

封建政治充斥着统治阶级与被统治阶级之间的尖锐矛盾与对抗。按照恩格斯的说法，这种“政治权力”早已独立于社会之外，“从社会的公仆变成为社会的主人”（《反杜林论》）。所以，它不可能成为人民利益的代表。套用一句我国先哲的话，“官视民为草芥，民视官为寇雠（chóu，同仇）”，则是封建官民关系的常态。

但问题还有另外一面。作为传统政治文明的一个重要内容，统治者常常宣扬“重民”思想，提倡关注民生，关心民瘼（mò，疾苦），强调“为政以爱民为本”。这种观念在清代得到广泛的传播。康熙皇帝在上谕中就多次提到“朕事事以百姓为念”，要求各级官吏要“念切民依”，“必使家给人足，安生乐业，方可称太平之治”；“但操守廉洁，念念从爱百姓起见，便为良吏”（《康熙政要》）。

这种看似矛盾的历史现象，其实也并不难理解。一方面，任何一个略有头脑的统治者，大抵都能懂得“水能载舟，亦能覆舟”的道理，知道“天下之治乱系乎民”。另一方面，“民本”思想在中国传统文化中一直有着巨大的影响，从《尚书》的“民惟邦本，本固邦宁”、孟子的“民为贵，社稷次之，君为轻”，到清初王夫之的“君以民为基”，“无民而君不立”等等，这些思想一脉相承，在封建时代一直同“尊君”观念并行而不绝。这不能不在政治文明中得到强烈的反映。

在清代名目繁多的“官箴”类著作中，宣扬“国家根本在百姓”、“为官一方，必为民出力”的内容，占据了重要的位置。其中，包含着相当丰富的思想内涵，概括起来，主要有以下几点：

一曰“爱民”。

有的书中把“爱民”提到治国理政的根本出发点的高度，所谓“朝廷设官，原以为民。官必爱民，乃为尽职”（徐栋辑《牧令书》）。只有从爱民出发，才能为官一任，造福一方，“常怀一点爱民之心，时时刻刻皆此念充满于中，自然事事为百姓算计，有一民不被其泽，便如己溺己饥，安得无不忍人之政？”（《朱舜水集·问答三》）有了爱民之心，便能实心任事，勤于政务，不因一己的利弊得失而顾盼彷徨。金庸斋《居官必览》称：“充我恳恻爱民之心，盎然天地之初意，氤氤氲氲（yīn yūn，形容烟或云气浓郁），盈满于胸中，发而施之于政事。凡世俗之毁誉利害，休戚得失，一毫毋使芥蒂于心，以杂我正念。”（乔立君编《官箴》）相反，如果为官者缺乏爱民之心，只知谋一己之私，则不但会祸害百姓，残民以逞，而且会动摇了政治统治的基础。金庸斋还尖锐地指出：“乃居官牧民者，逞志作威，严刑聚敛，贱民如粪土，疾民如仇雠。非但我之一身，罪孽山积，独不为国家根本之计乎？”

二曰“利民”。

不但要“存爱民之心”，更重要的是要“行爱民之政”，也就是要在自己的政治实践中，为民谋利，造福百姓。“利民”的要义是一切政治举措，要时刻注意为百姓兴利除弊：“膺（yīng，承当）民社者，不必广求施济，但询其利害所在，害民之事，能宽一分，则民受一分之赐；利民之事，早兴一日，则民多一日之安。”（觉罗乌尔通阿《居官日省录》）《居官必览》中有这样一段话：“一为民牧，一方生灵，皆系于我，庶几夙夜焦劳，靡解厥职。民之所乐，我则遂之；民之所苦，我则除之。纵不能智虑毕周，跻（jī，置）斯民于衽（rèn，睡觉用的席子）席，然我为官一日，自当尽一日之责。”（乔立君编《官箴》）有的提出“官必好恶同民”的主张，“凡百姓所利，官亦曰利”；“百姓所苦，官亦曰苦”（袁守定《图民录》）。也有的说，“事关民生”，应该“是其所是，非其所非”（蒋士铨《官戒诗》）。官员们以百姓之苦乐为苦乐，以百姓之是非为是非，虽然由于政治立场的不同和利益冲突的客观存在，真正实行决非易事，但能够提出这样的命题，并且作为政治道德与行政良知的追求目标，显然有着十分重要的思想意义。

三曰“亲民”。

在封建政治下，官民之间尊卑悬绝，等级森严。官吏们常常“倚势作威，俨以官府自尊，驱民如羊，纵隶如虎”；而百姓们“见里长则面色青黄，望公门则心胆战惊”。这种情况，就造成了“上下之情不通”。《图民录》强调：“凡上下之情，通则治，不通则不治。”“如官有所行，不能达所行之意于民；民有所诉，不能面达所诉之情于官，此上下不通也，不治也。”因为只有官员们“平易近民”，“而后民得以尽其情，上得民情，而后可言治理也”。在这里，居官者能否去上下之隔阂，忘一己之威仪，真正做一个亲民之官，是能否实现政通人和的关键。汪祖辉《学治臆说》认为：“治以亲民为要”，“亲民之道，全在体恤民隐，惜民之力，节民之财，遇之以诚，示之以信。不觉官之可畏，而觉官之可感，斯有官民一体之象矣。民有求于官，官无不应；官有劳于民，民无不承。”要做到这一点，就必须放下架子，走出衙门，轻车简从，体察民情。《居官必览》批评了官场流行的“迎送欲远，称号欲尊，拜跪欲恭，供具欲丽，酒食欲丰，驺（zōu，古代给贵族掌管车马的人）从欲都，伺候欲谨”，以至“行部所至，万人负累，千家愁苦”的恶习，勾勒了下面这样一种“亲民之官”的生动形象：“时屏驺从，巡历乡村，与山农野叟，欢然讲论，察访舆情。不烦人迎接，不累人一啜一杯，务期民志常通，欲恶与共。”（乔立君编《官箴》）

四曰“畏民”。

这里所说的“畏民”，不是指害怕老百姓，更不是说有关民生之事，一味畏葸（xǐ，畏惧）不前，而是指对老百姓要时刻存有敬畏之心。晚清思想家王韬曾说：“勿以民为弱，民盖至弱而不可犯也；勿以民为贱，民盖至贱而不可虐者也；勿以民为愚，民盖至愚而不可欺也。”（《弢（tāo）园文录外编·重民》）只有对百姓心存敬畏，居官者才“不敢肆于民上，为所欲为”，也才能真正达到“民之所好，好之；民之所恶，恶之”的境地（方大湜《平平言》）。《图民录》对这个问题说得更透彻一些：“居官临民，以敬为本”，“敬则百姓受无穷之福，不敬则百姓受无穷之祸。凡贪婪暴虐，毒痡（pū，过度疲劳）百姓，何一不从不敬生来？”强调“畏民”，其出发点是十分清楚的，那就是他们深深懂得，“民悦则久安长治”。有的书把“官不畏民”叫做“乱阶”，意思是说，一旦官员失去了对百姓的敬畏，就必然无所顾忌，胆大妄为，贪得无厌，民不聊生。那样，社会的动荡也就到来了。

上面所说的“爱民”、“利民”、“亲民”、“畏民”，都是在封建意识形态范围之内的观念，都是在封建统治秩序条件下的认知。他们的最高信条，不过是“为民作主”，做到“愚者觉之，弱者扶之，屈者申之，危者援之，缺者完之，隐然为一方保障，使一方之人，皆有所恃以无恐”（《图民录》）。也就是替百姓当好主人，这与我们今天所要求的“民主”当然存在着本质的区别。但是，我们不能因此而无视甚至抹杀其珍贵历史遗产的思想价值，这些思想内容，即使在今天也仍然没有失去现实的历史借鉴意义。正如周恩来同志所说：“封建制度是坏的，但统治阶级中也不是一无好人，尽管他们对人民的同情是有局限性的，但是那时的人民对这些人还是歌颂的。”（《周恩来选集》下卷）

作者简介

李文海，1932年生，江苏无锡人。中国人民大学原校长，中国人民大学清史研究所教授，中国史学会会长，国家清史编纂委员会委员。长期从事中国近代史的教学与研究工作，出版有《世纪之交的晚清社会》、《历史并不遥远》、《近代中国灾荒纪年》等专著。

治天下以惩贪奖廉为要

李文海

大约从西晋时起，官场中就流传着“清、慎、勤”是“居官三字诀”的说法。清代的康熙皇帝曾亲笔书写此三字赐给大臣，以为倡导。清人在解读这三个字时，普遍认为“清者，大节”，“三字之中自以清为第一义”。这里所说的“清”，就是指清廉、廉洁。

清廉的另一极是贪渎。在现实生活中，一则由于封建政权的性质与人民群众相对立，二则由于政治权力缺乏有效的制约和监督，三则由于政治运作机制上存在着种种弊端，封建官员中贪渎行为极为普遍，贪赃枉法现象比比皆是。正像有的书中所说：“求一真正清廉之吏，几等于麟角凤毛。虽在上者日言惩贪，而实有不能苛求之势。”（徐世昌《将吏法言》）这种状况，大大加重了民众的苦难，激化了社会矛盾，导致政局的动荡。

因此，一些较有作为的统治者，总要努力设法倡廉肃贪，整饬吏治，以稳定统治秩序，巩固统治权力。拿前面提到的康熙皇帝来说，就曾在上谕中多次强调，“官以清廉为本”，“治天下以惩贪奖廉为要。廉洁者，奖一以劝众；贪婪者，惩一以儆百”（《康熙政要》）。他在亲撰的《廉静论》中坦率地说：正因为现实生活中存在着严重的贪渎现象，就更应该大力提倡清廉。“自为吏者有贪私之实，而后重廉洁之名，故尤以廉为贵”，“吏苟廉矣，则奉法以利民，不枉法以侵民；守官以勤民，不败官以残民。民安而吏称其职也，吏称其职，而天下治矣，故吏尤以廉为贵也”（《康熙政要》）。

为什么把清廉作为为官的根本，把惩贪奖廉作为治天下的要务？主要是因为在现实生活中，官员的贪渎行为危害极大。清代各色“官箴”类著作，对此有着十分详尽深入的论述和揭示。

从自身修养的角度讲，大凡官员一涉贪贿，整个人的品德人格就会全线崩塌，变得猥琐污浊，再也无一丝正气可言。“人只一念贪私，便销刚为柔，塞知为昏，变恩为惨，染洁为污，坏了一生人品，故古人以不贪为宝”（彭忠德、李正容编《居官警语》）。

从断案执法的角度讲，贪赃必定枉法，一旦贿赂公行，就绝不可能再有公正、公平之存在。对贪官们来说，“生死曲直，不断之以法，而断之以赂”；只要利之所在，就可以“曲直倒置，生死任意”（陈宏谋《在官法戒录》）。这样，必然是横暴者肆行无忌，受害者告诉无门，冤狱遍地，公理荡然。所以，人们总结经验说：“人须心中无欲，方能心平。心平，方能事平。故廉又为平之本。吏多不能廉，亦不肯廉，故动多不平之事。”（陈宏谋《在官法戒录》）

从民生的角度讲，贪渎之徒，穷奢极侈，欲壑难填，势必朘（juān，剥削）民之膏，吮民之血，敲骨吸髓，苛征暴敛。为满足一己之私利，不惜让百姓倾家荡产，妻离子散：“我以之适口，民以之浚血；我以之华体，民以之剥肤；我以之纳交游，民以之鬻（yù，卖）妻子；我以之遗子孙，民以之损田庐；我以之恣歌舞，民以之啼饥寒。”（乔立君编《官箴》）结果是民不聊生，众怨沸腾。

有所谓“一贪生百酷”之说。贪官与酷吏，往往是一身而二任的。贪官们大抵都“逞志作威，严刑聚敛，贱民如粪土，疾民如仇雠”。原因何在呢？其实也很简单。有人分析说：“凡受贿，则必酷。彼以为不用严刑，则群情不惊，货贿不来也。受贿，则必横。彼以为不颠倒曲直，则理胜于权，人有所恃以无恐也。受贿，则必护近习，通意志。彼以为不虎噬成群，则威令不重；不曲庇私人，则过付无托。”（觉罗乌尔通阿《居官日省录》）

上面所讲，都是贪官对于社会所造成的严重危害。也有不少著作着重从贪渎行为对于官员本身的危害来立论的，实际是对贪官们的一种警示和忠告。如方大湜（shì）在《平平言》中，就归纳了六个方面的危害，来说明“官不可贪”的道理：一是“坏心术”，就是失去了良知，扭曲了人性；二是“败风俗”，就是污染社会风气，扰乱社会秩序；三是“损声名”，就是贪墨之名，喧传道路，声名狼藉，人所不齿；四是“干国法”，就是贪赃枉法，法所不容，一味视国法为儿戏，最后终于难逃国法之严惩；五是“辱祖宗”；六是“毒子孙”，就是一旦事情败露，不仅个人身败名裂，而且辱及先人，贻害子孙。如此言之谆谆，反映了社会对于官员贪廉之辨的良苦用心。

贪官并不是与生俱来的。不少人在未仕之先，也曾满腔豪情，壮怀激烈，一心想做个一身正气、两袖清风的好官。“见墨吏所为，辄切齿恨之，高谈击节，似可翱翔古人，而犬豕若辈也”。待到进入仕途，逐步掌握了巨大的权力之后，各种诱惑也就随之而来，面对“势利之熏炙，妻子之浸淫，朋比之怂恿附和”，意志薄弱者“于是乎良心死，而贪心生矣”（金庸斋《居官必览》）。开始的时候，“多在可以无取、可以取之间，意谓伤廉尚小，不妨姑试”，但“利径一开，万难再窒。情移势逼，欲罢不能”（汪祖辉《学治臆说》）。贪欲是无所底止的，“初犹染指，而积久日滋，性情已为芬膻（shān）所中矣。且人心何厌？至百金，则思千金；至千金，必思万金。又甚则权势熏赫，财帛充栋，已积为陈朽，而犹未足也”（觉罗乌尔通阿《居官日省录》）。这里的叙述，如此生动又如此准确地描绘了贪官们一步步走向泥淖走向罪恶的心路历程和行为轨迹。从中可以得出的一条经验教训是：清浊廉贪之间，并无不可逾越之鸿沟，要能始终做一个无愧于社稷百姓的“清白吏”，必须立定宗旨，咬紧牙根，经受住各种诱惑，不能在看似小事上打开任何贪欲的缺口。一物之微，一念之差，都可能成为导致冲毁道德大堤的“蚁穴”。

人们把贪赃枉法看做是大奸巨害，对贪官污吏深恶痛绝。所谓“万分廉介，不过小善；半点贪污，便成大恶”（金庸斋《居官必览》），意思是说，清廉是为官的本分，而只要一涉贪贿，便罪大恶极。所以谆谆告诫居官者们，必须“时时警惕，刻刻提防”，“务为清廉仁爱之官，勿作苟且贪污之事”（徐栋、丁日昌《牧令书辑要·屏恶》）。康熙帝甚至强调：“别项人犯，尚可宽恕，贪官之罪，断不可宽。”（《康熙政要》）

在清代，作为一种政治文明，一种政治道德准则，崇廉鄙贪，确是占主流地位的社会舆论，也是世所公认的政治荣辱观。“贪则狼藉之声，甚于粪秽；祸害之加，甚于戈戟；防虑之切，甚于盗贼”（袁守定《图民录》）。当然，客观现实并不因此就能出现一个清平世界。广泛流传的“三年清知府，十万雪花银”的民谚，就很好地反映了社会的真实。造成这种现象的原因，我们在前面已经作了交代。但我们不能因此而低估了这种政治文明的思想意义和政治价值，它不仅在历史上曾经起过重要的积极作用，也是留给今天的珍贵历史遗产。

俭以成廉　侈以成贪

李文海

人们在倡廉肃贪的过程中，察觉到一个重要的社会现象，那就是奢俭和贪廉之间，存在着紧密的关联。侈靡风行之处往往也是贪风炽盛之地，竞尚挥霍之徒也常常是贪赃枉法之辈。康熙时担任过文渊阁大学士的陈廷敬曾说："贪廉者，治理之大关；奢俭者，贪廉之根柢。"（蔡冠洛《清代七百名人传》）意思是说：官吏之贪墨或清廉，是事关政治大局的事情；而决定官员或贪或廉的根基，则在于追求奢侈还是谨守俭约。既然人们对贪官污吏深恶痛绝，崇俭鄙侈也自然成为政治伦理的一个重要价值取向。

康熙皇帝在《庭训格言》中曾这样说："若夫为官者俭，则可以养廉。居官居乡，只缘不俭，宅舍欲美，妻妾欲奉，仆隶欲多，交游欲广，不贪何以给之？与其寡廉，孰若寡欲？语云：'俭以成廉，侈以成贪。'此乃理之必然者。"（《康熙政要》卷十三）

为什么俭可以养廉，侈足以成贪呢？康熙帝所说"此乃理之必然"的"理"，又究竟何在呢？关于这方面的议论，清代的"官箴"书中反映得十分充分。

觉罗乌尔通阿的《居官日省录》中有这样两段话：

侈则多欲。君子多欲，则贪慕富贵，枉道速祸；小人多欲，则多求妄用，败家丧身。是以居官必贿，居乡必盗。故曰：侈，恶之大也。（乔立君主编《官箴》）

盖国家廉俸有常，人念奢侈无度。金樽玉珞，器必精工；细葛轻裘，服必华丽；脂车秣马，壮我观瞻；食美饮甘，遂我哺啜。甚至娇婢娈童，一呼百喏。穷奢极欲，取给无门，由是百计搜求，贪得无厌。势不能不藉下民之脂膏，以供骄奢淫逸之念，其流毒可胜言耶？（同上书）

《平平言》的作者方大湜用不同的语言表达了几乎同样的意思：

俭以养廉，老生常谈也。其理，却至当不易。若习为奢华，饮食、衣服、车马、器皿、玩好等项，件件讲究，所出之数浮于所入，势必缺用。缺用不已，势必借债。借债不已，势必贪赃。（同上书）

封建君主也常常用这个道理告诫大小官员们。嘉庆皇帝在一个谕旨中指出，那些因贪渎而“身罹重罪”的高官，“如蛾投火，实堪悲悼。推原其故，总由恣情糜费，日事奢华，以致廉俸所入，不足供其挥霍，因而败检逾闲，多方婪索。伊等岂不知得受赃款，律有明条，而利令智昏，遂自蹈重谴而不顾”（《清仁宗实录》卷七十五）。

可惜言者谆谆，听者藐藐。清代官场的侈靡之风，不说愈演愈烈，至少也是经久不衰。这种状况的出现，有深刻的社会根源。说到底，是一个同人民群众相对立的封建政权，对掌握着巨大权力的官员们，不可能存在有效的制约和监督机制。在这种情况下，那些原本就没有什么“治国平天下”政治抱负，一心只想升官发财，以攫取政治权力作为个人飞黄腾达手段的人，一旦头戴乌纱，手握重权，就立即安富尊荣，穷奢极侈，整日里锦衣玉食，声色犬马，骄奢淫逸，纸醉金迷，“以官场为享福之地，借临民为行乐之方”。而为了满足这些无休止的欲念，就必定要巧取豪夺，苛征暴敛，贿赂公行，残民以逞。

常言道：“由俭入奢易，由奢入俭难。”对侈靡的追求是难有止境的。一旦身涉浮华，就会得陇望蜀，贪多务得，久而久之，则沉溺其中而不可自拔。如有人所生动描述的：“侈靡之为害也，取之百姓不已，必至侵及官帑。其始偶然，继乃常然，久且习为固然，而忘其所以然。”（汪祖辉《学治臆说》）到那个时候，“利径一开，万难再窒。情移势逼，欲罢不能”，再没有回头路可走。明知长此以往，终不免身败名裂，但欲壑难填，利令智昏，自然也就不惜以身试法了。

官场上的一些陋习，也常常成为助长侈靡之风的温床。例如讲排场的风气就是如此：“仕途中有种习气，俗谓排场，亦曰讲款。如衣服合时，进退中度，仆从都秀，饮馔佳良，器皿精工，轿伞齐整，应对便给，书札殷勤，皆所谓排场也。”（徐栋、丁日昌《牧令书辑要·屏恶》）在这种风气下，不讲排场，似乎就有失身份，反而成了官员中的另类；而竞尚奢华，也就成了官场的一种潜规则。从这里我们再一次看到社会风气对社会生活的巨大影响，一旦某种陋习形成了风气，往往能够造成积非成是、以丑为美的怪现象。

侈靡之风的泛滥，促使社会更加增强了宣扬“以俭养廉”观念的紧迫性。这种观念的提倡，究竟能在多大程度上对侈靡与贪渎现象起到遏制作用，其实是大可存疑的。但无论如何，作为一种政治荣辱观，鲜明地提出“俭以成廉，侈以成贪”，使崇俭鄙侈成为社会的一种主流意识，是有重要的积极意义的，它也可以成为古代政治文明中的一份有价值的历史遗产。

人们总是把俭与廉紧紧地联系在一起。所谓“惟俭足以养廉”，所谓“居官之所恃者在廉，其所以能廉者在俭”，所谓“欲教以廉，先使之俭”，都是讲勤俭是廉洁的根本。从政治上来说，只有经得起财色等物欲诱惑的人，才能身正行端，真正做到“无欲则刚”。“士能寡欲，安于清淡，不为富贵所淫，则其视外物也轻，自然进退不失其正。”（《居官警语》）从生活上来说，只有清心寡欲，淡泊自甘，才能无觊觎之心，杜贪婪之念。“俭，美德也。余谓仕路诸君子，崇尚尤急。数椽可以蔽风雨，不必广厦大庭也；痴奴可以应门户，不必舞女歌童也；绳床可以安梦魂，不必花梨螺钿也；竹椅可以延宾客，不必理石金漆也；新磁可以供饮食，不必成窑宣窑也；五簋（guǐ，古代盛食物的器具）可以叙间阔，不必盛席优觞也；经史可以悦耳目，不必名瑟古画也。去一分奢侈，便少一分罪过；省一分经营，便多一分道义。”（陈宏谋《从政遗规》卷下）《居官日省录》有人总结俭有四大好处：“俭则安分，俭则洁己，俭则爱民，俭则惜福。故曰：俭，美德也，官箴也。”能俭则“不至侵用官项，朘削民膏。身心俱泰，寝食皆安”（乔立君主编《官箴》）。

应该指出，这里所说的俭，同吝啬完全是两码事。“可省则省，谓之俭；不可省而省，谓之吝啬。”（方大湜《平平言》）俭不是指需要用而硬不用，而是指应该用而用之不过分。提倡俭约，也不是要取消一切正当的物质需求，更不是要装腔作势，矫情作秀。人们常常拿西汉时“以宰相封侯”的公孙宏为例，他标榜自己“布被，食不重肉”，但大家认为这只是“矫情干誉”，“饰诈以钓名”，并不合乎俭的本义。其实，所谓俭，只是不要纵情声色，耽于逸乐，暴殄天物，劳民伤财而已。下面的一段话，也许对侈俭之辩讲得比较切实明白：

凡官室、饮食、衣服、器用，受用得有数，朴素些、简淡些，有何不好？人心但从欲如流，往而不返耳！转念之间，每日当省不省者甚多。日减一日，岂不安静快活？不但治生，即是寡欲清心之要。力持此法，更加一勤字，终身不取一毫非分之财，泰然自得，衾影无惭，不胜贪秽之富千万倍耶？（乔立君主编《官箴》）

大臣不廉　小臣必污

李文海

在关于整饬吏治的问题上，清代从最高封建统治者到一般社会舆论，普遍强调高官在倡廉肃贪中起着极为关键的作用。

顺治帝钦定的《御制人臣儆心录》中有这样一段话：

> 大臣不廉，无以率下，则小臣必污。小臣不廉，无以治民，则风俗必坏。层累而下，诛求勿已，害必加于百姓，而患仍中于邦家。欲冀太平之理，不可得矣。（乔立君主编《官箴》，第227页）

这话说得很明白。大臣如果贪赃枉法，小臣们必定上行下效，结果是损害了吏治；小臣们贿赂公行，必然败坏了社会风气。老百姓固然深受其害，国家更是遗患无穷，天下也就难有太平之日了。

如果说这里还只是一种概括性的描述，那么康熙十九年（1680）的一个上谕，就紧密联系当时的政治现实，具体而生动地反映了康熙皇帝对这个问题的思考和担忧：

> 大臣为小臣之表率，京官乃外吏之观型。大法则小廉，

源清则流洁，此从来不易之理。如大臣果能精白乃心，恪遵法纪，勤修职业，公而忘私，小臣自有所顾畏，不敢妄行。在外督抚各官，自应慎守公令，洁己爱民。乃大臣等每自谓清正无私，粉饰空言，至其所行，往往营私作弊，有玷官方，深负委任之意。科道系耳目之官，凡有弊端，自当据实参奏。且居处甚近，如此情弊，岂无见闻？乃瞻徇情面，缄默不言。即有条奏，多系繁文。言官职掌，殊为未尽。如从公纠举，孰敢恣行无忌？朕以为目今之弊，莫大于此。（《康熙政要》卷六）

大臣如果是清正廉洁的，小臣们也就会“有所顾畏，不敢妄行”；中枢的京官们假如都能奉公守法，地方督抚也自然能“慎守公令，洁己爱民”。这就是高官们的正面表率作用。但实际情况是，高官们口头上信誓旦旦，“自谓清正无私”，行动上则“往往营私作弊，有玷官方”；而身负纠察之责的言官，又大都“瞻徇情面”，对官员们的贪渎行为噤若寒蝉，不作一声，使仅存的一点封建官僚体制内极为微弱的权力监督功能，也变得形同虚设。这就不能不造成严重的政治危机。康熙帝认为“目今之弊，莫大于此”，实在是一语中的，绝非小题大做，更不是无病呻吟。

大臣乃倡廉肃贪的关键，这首先是因为他们身居要职，位高权重，他们如何居官任事，必定会对政治生活与社会风气产生重大的影响。一个普通小吏，如果丧失廉耻，就会胡作非为，“不廉，则无所不取；不耻，则无所不为”，最终不免“祸乱败亡”，“况为大臣而无所不取、无所不为乎！”（陈宏谋《从政遗规》卷下）其次，大臣一旦身涉贪贿，就从此失去了政治上的指挥权和发言权，再也无法堂堂正正地做人，理直气壮地施政，这就是人们常说的“已不正焉能正人”的道理。“故欲治人者，必先治己。己不能正，而责人之不正；己不能廉，而责人之不廉，未能效者也。”（徐世昌《将吏法言》）更加重要的是，大臣的一举一动，起着示范和表率作用，不论是正面的还是负面的，是美好的还是丑恶的，无形之中必定会影响到整个吏治，所谓“上有所好，下必甚焉”。在上者如果热衷于以权谋私，贪渎成性，下属们自然变本加厉，愈演愈烈。“官爵愈大，统辖愈众。一人受赂，则千人骫法（骫：wěi。骫法，意为枉法）；千人弄法，则万人助虐”，最后甚至可以造成“乱天下”的严重结果（觉罗乌尔通阿《居官日省录》）。这种自上而下的扩散效应，后果是极为严重的，“我取一也，下取百焉；我取十也，下取千焉”。“我所取者一回，而旁人中饱，不计次数矣。”（同上书）

一般来说，一个身居高位的巨贪，总会卵翼一批爪牙；那些贪赃枉法之辈，也总要找一个执掌大权者做靠山，他们沆瀣一气，上下呼应，把政治风气搞得乌烟瘴气。大家十分熟悉的清代最大的贪官和珅就是一个典型的例子。“清乾隆四十二、四十三年（1777—1778）以后，和珅尊宠用事，以聚敛自丰。时督抚如国泰、王亶（dǎn）望、陈辉祖、福崧、伍拉纳、浦霖辈，赃款动至数百万之多，皆恃和珅为奥援。用事二十余年，康、雍、乾三朝之气，尽斩丧于一人之手”（徐世昌《将吏法言》）。

清代的官场上流传一句谚语，叫做“莫用三爷，废职亡家”。这里所说的“三爷”，其实是指三种人：“子为少爷，婿为姑爷，妻兄弟为舅爷。”这少爷、姑爷和舅爷，“未必才无可用”，但居高位者，决不可对之倚为心腹，委以重任。原因很简单，这些人“内有嘘云掩月之方，外有投鼠忌器之虑。威之所行，权辄附焉；权之所附，威更炽焉”。一旦权力落入彼等之手，就不免狐假虎威，残民以逞，“通贿赂，变是非”，“弊难枚举”（汪祖辉《学治臆说》）。如果对亲属任意放纵，最终就不免落得个“废职亡家”的结局。来自民间的这一官场谚语，实际是总结了一条十分重要的历史经验，那就是大臣们要做一个清正廉洁的好官，不仅要洁身自好，严于律己，而且要严格要求和管理好自己的至爱亲朋，不可让他们任意逞威弄权，尤其不可一味任用至亲，“一用子弟至亲，百弊丛生”（《居官警语》，第71页）。其实不仅是自己的亲属，只要居官者疏于警惕，忽于防范，就很容易受到各种心怀叵测者的蒙蔽。因此有人说：“居官大戒，第一蒙蔽。盖上下内外，非蒙蔽无以行其奸欺也。蒙蔽之在内者，有官亲、家人；蒙蔽之在外者，有猾书、蠹役。内外勾连，鬻情卖法，则为官者孤立无与，而坐听声名之败裂，其亦危险矣哉！”（徐栋、丁日昌《牧令书辑要·治原》）

所有的贪官污吏，没有一个不知道横征暴敛、肆意搜刮要冒极大的风险，付出沉重的代价的。但是，他们还是如一个上谕所说“如蛾投火”般以身试法，甘冒不韪。其原因，当然是鄙婪的贪念、对财富的强烈占有欲的驱使，让他们见利忘义、利令智昏。而在心理上，他们大都心存侥幸，以为贪赃受贿，只要做得机密，便能掩人耳目，不为人知。有的官箴书对这种心理状态进行了分析，指出：“人之爱身，必甚于受贿。而往往以贿易身，何也？大都以为行事密，人不知也。不知今日受贿，明日则喧传阖（hé，全）衙矣，再明日则喧传阖城矣，再明日则喧传道路矣。”（袁守定《图民录》）为什么此类事终究难逃天下人耳目呢？原因很简单，“在公堂行一私，枉一法，瞒不过吏胥；在私宅行一法，受一物，瞒不过僮仆”（金庸斋《居官必览》）。有的人十分迷信亲信们对自己的忠诚，殊不知这种所谓的“忠诚”是完全靠不住的。一旦事情将要败露，“平日之所亲信，所用以介事媒钱之人，皆吾仇对矣。身败名裂，心劳日拙，君子悲之”（袁守定《图民录》）。

所以，当时人们对身居高位而“朘民之膏，吮民之血”的贪渎之辈，提出了这样一个朴素而深刻的警示：“官有王法，人有公论，岂能幸免?”（陈宏谋《在官法戒录》）

周恩来论清代历史及清史研究

李文海

周恩来同志是伟大的马克思主义者。他在观察、思考、处理现实问题时，常常运用历史唯物主义的观点，评述历史，分析历史。其中有相当一部分涉及如何看待清代历史的问题，见解精辟，论述深刻，对我们今天学习清史、研究清史，具有很强的指导意义。

清朝在历史上做了几件好事

在很长一段时间里，人们对清朝的历史地位一直评价较低。造成这种状况有多方面的复杂原因。例如，中国在世界上的地位，由盛转衰，由先进转化为落后，确实是在清代这个历史时期中发生的；晚清时期，中华民族在殖民主义侵略下，走到了亡国灭种的边缘，这段屈辱的历史给人们留下了刻骨铭心的印象；辛亥革命时期，革命者为了推翻已经成为“洋人的朝廷”的清王朝，不遗余力地揭露清政权的腐败和黑暗，这当然有它的历史合理性，却很难对清朝历史做出全面的评价。

但是，唯物史观的本质要求，是必须辩证地、客观地、全面地对待历史。1961 年 6 月 10 日，周恩来在接见溥仪、嵯峨浩、溥杰等人的时候，高屋建瓴地指出："清朝所做的坏事，历史已经做了结论，用不着多提，做的好事是应该讲一下的。"那么，清朝做了哪些好事呢？他说："清朝是中国最后一个王朝，它也做了几件好事：第一件，把中国许多兄弟民族联在一起，把中国的版图确定下来了，九百多万平方公里。第二件，清朝为了要长期统治，减低了田赋，使农民能够休养生息，增加了人口，发展到四万万人，给现在的六亿五千万人口打下了基础。第三件，清朝同时采用满文和汉文，使两种文化逐渐融合接近，促进了中国文化的发展。清朝在确定版图、增加人口、发展文化这三方面做了好事。"（《周恩来选集》下卷）在另外的场合，周恩来还讲过这样的话："清末，鼓动革命的文章，例如，邹容写的《革命军》，现在读起来还会感到痛快淋漓。当时人们把满族说得坏些，这是可以理解的。可是，今天就不能再那样看待满族了。因为过去统治中国的是满族中的统治阶级，而不是满族整个民族。即使谈到满族统治阶级，他们在历史上的作用，有坏的一面，也有好的一面。"（《周恩来统一战线文选》）这些话，在当时来说，不仅让人耳目一新，而且起了振聋发聩的作用，体现了周恩来的创新精神和理论勇气，也充分反映了他尊重历史的实事求是作风。

肯定清朝的历史贡献，强调要对满族统治阶级的历史作用作具体分析，决不是要开脱某些历史人物应该承担的历史责任。当谈到晚清直至民国时期的外交史时，周恩来旗帜鲜明地说："清朝的西太后，北洋政府的袁世凯，国民党的蒋介石，哪一个不是跪倒在地上办外交呢？中国一百年来的外交史是一部屈辱的外交史。我们不学他们。"（《周恩来外交文选》）这掷地有声的语言，泾渭分明地划清了两种社会制度下两种外交的不同性质。

有的帝王也做过促进历史发展的事情
康熙懂得天文、地理、数学，很有学问

周恩来反复强调，对历史一定要采取历史主义的态度，要用历史唯物主义的眼光去分析历史。首先，不要割断历史，要看到新的东西总是从母胎里生长出来的。其次，我们的历史遗产中有许多好东西，要好好珍惜；很多民族财富要好好发掘、继承，不能埋没。再次，一定要发扬历史传承下来的优良传统。在各种宝贵传统中，最重要的是革命的传统，应该很好地继承和发扬。最后，对任何历史现象，都应该采取分析的态度。对封建主义文化，既要否定它的糟粕，又要批判地接受它好的东西。如果认为传统文化什么都好，一切照搬，就会走向复古主义；如果认为什么都不好，全盘否定，就会走向民族虚无主义。不但要批判地继承我们的传统文化，还要吸收外国的优秀文化，"吸收外国的东西要加以溶化，要使它们不知不觉地和我们的民族的文化融合在一起"，"不是把中国的东西和外国的东西焊接在一起"（《周恩来选集》下卷）。

周恩来特别讲到对封建统治阶级代表人物的评价问题。他指出："封建制度是坏的，但统治阶级中也不是一无好人，尽管他们对人民的同情是有局限性的，但是那时的人民对这些人还是歌颂的。"（同上）历史上的统治阶级中也有一些比较进步的人物，"封建王朝里边也有一些有进步作用的东西，有的帝王也做过促进历史发展的事情，我们也不能采取非历史主义的观点一律抹杀"（《周恩来文化文选》）。

正是从这样的观点出发，周恩来对康熙皇帝作了实事求是的积极评价。他说："康熙懂得天文、地理、数学，很有学问。俄

国彼得大帝和康熙是同时代的人，因为俄国地处欧洲，手工业比较发达，他汲取了西欧的经验，发展了工商业。中国当时封建经济的统治比较稳固，工商业不发达，康熙只致力于发展封建文化。”（《周恩来选集》下卷）在这里，周恩来既指出了康熙帝的个人特质，又分析了他所处的历史环境以及对他历史活动的影响，体现了他对唯物史观的娴熟运用。

保护历史遗迹，加强历史研究

周恩来同志十分重视历史教育和历史研究工作，其中很多是同清史有关的。

1965年秋天，周恩来亲自指示中宣部，成立了一个由郭影秋、戴逸等7人组成的清史编纂委员会，计划开展清史纂修工作。可惜由于全国很快就发动了“文化大革命”，这个计划当然也就无疾而终。

在“文革”期间，周恩来下大决心，组织了一批学养深厚的老专家，集中精力，对二十四史进行标点。他明确指示：“《二十四史》中除已有标点以外，再加《清史稿》，都请中华书局负责加以组织，请人标点，由顾颉刚先生总其成。”（《周恩来文化文选》）《二十四史》再加上《清史稿》的标点，成为一项重要的文化工程，在学术界产生了巨大而深远的影响。

周恩来不仅重视传统史书的点校整理，更关注新史书的编写。1973年4月，他提出“要出一本简明扼要、通俗易懂的中国通史，了解中国历史的全貌”（《周恩来刘少奇朱德陈云与新闻出版》）。他认为从清代到民国，有很多问题值得研究，有很多内容可写。他说：“写东西不一定只限于文化史。在座的有搞军事的，可以写军事史，如从八旗、绿营、湘军、淮军、新军一直到国民党军队的发展史，都可以写。在座的还有不少工商业者，可以写我国资本主义的发展史，也可以写其中的一个行业，如银行、纺织业等。其他如政治史、经济史、外交史也都可以写。”他还提出，利用地方志等历史资料，并对近百年来有代表性的人物进行研究，具有重要的意义：“过去编的府志、县志，保留了许多有用的史料。收集旧社会的典型事迹也很有价值。如近百年来有代表性的人物、家庭和家族的情况就值得研究，看看他们是如何产生、发展和衰亡的。”（《周恩来选集》下卷）

周恩来时刻铭记我国是个多民族的大家庭，所以在写历史的时候，一定要清除大汉族主义的影响，多替少数民族设想。他说：“我国的史书，总是按汉族的观点记录历史事实，把汉人压迫少数民族引起的反抗叫做叛乱。我们不能责备当时的历史学家，因为他们受时代和阶级的限制。但是，现在我们运用这些史料的时候，就要善于分析、研究，要有正确的观点，并且要多替少数民族设想，看有哪些历史问题还没有正确的结论。”（《周恩来统一战线文选》）

在保护历史遗迹的问题上，他也采取了这样的态度。他指出：“兄弟民族中有过一些有成绩的人物，对他们的历史遗迹，我们应该加以保护，例如颐和园中的耶律楚材墓，西湖上的康熙、乾隆碑等等。”（同上）

周恩来同志以伟大的无产阶级革命家的宽广胸怀，观察历史，品评历史，提出了许多发人深省的见解，给我们以深刻的启示和教益。

清代的州县官任职制度

魏光奇

一、清代州县官的任职资格和官缺分类

清代疆域广阔，内地和边疆地区在民族成分、文化传统和社会结构方面差异甚大。针对这种情况，清政府在内地和东北、新疆、西藏、内外蒙古等边疆地区实行不同的地方行政制度。就内地而言，当时的地方政区分为三级：省为一级政区；府和直隶州、直隶厅为二级政区；散州、散厅和县为三级政区，一般合称州县。州县以下不再设置职官，即时人所谓“皇权不下县”。

清代州县实行县等制度，按照政务的繁简难易，将州县分为简缺、中缺、要缺、最要缺四等。州县的主官，在直隶州、散州为知州，在直隶厅、散厅为同知或通判，在县为知县，一般合称“州县官”。主官之外，州县还设有佐杂官，如州同、州判、县丞、主簿、巡检、吏目、典史，分管粮马、治河、监狱、捕盗等具体事务。州县官作为直接“临民”和具体办理地方政务的官员，地位十分重要，国家对其任职定有一套严格的制度。

州县官任职须具备一定资格。简缺、中缺知县，大部分由初次任职的进士、举人、贡生、吏员和捐纳人员担任，少部分由符

合资历的佐贰升任；要缺、最要缺知县和散州、直隶州知州，则由现任官员升任、调任、转任。

清代在官员人事方面，不存在中央与地方以及地方各级之间的分级管理制度。从理论上讲，所有官员均由皇帝任命。但在实际上，州县官作为五品至七品的低级官员，其提名权（即实际任用权），分属作为各省最高军政长官的总督、巡抚，或吏部；而由各省督抚提名者，也须经吏部审查资格和办理相应手续。至于吏部与各省督抚的这种权力划分，则通过州县官缺位的分类来实现。其具体做法是，将各省全部州县的官缺划为四类，各类缺位空出时，或由各省督抚提名，或由吏部铨选，报皇帝批准生效。这四类缺位是：1. 题缺。由各省督抚在本省应调、应升的现任官员中提出人选，奏请皇帝补用。2. 调缺。由各省督抚在本省相当品级的官员中提出人选，奏请补用；如没有适当人选，再提名其他人员补用。3. 选缺。题缺、调缺之余为选缺，由吏部铨选进士、举人、贡生和捐纳人员任用。4. 留缺。选缺官员遇有升、调或免职，其所遗之缺由各省督抚提名补任、调任。

二、 州县官的任职程序

清代州县官的出缺（离职），有三种情况：其一，遇升任、调任、因病因事请假以及退休等，经吏部办理手续解职，吏部同时将情况知会相关督抚。其二，受到督抚参劾、或因各种原因受到降职、革职处分，由督抚立即“摘印”。其三，因丁忧（遭到父母丧事）、突患重病去职或病故，州县官本人或本州县吏目、典史（均为负责监狱和捕盗的官员）立即向上司报告，由本州县佐杂官暂时代理。上述州县官出缺情况发生后，督抚和吏部立即启动继任官员的任职程序，形式有两种：补授和委署。

清代州县官的“补授”即正式任命。其程序，题缺、调缺、留缺由督抚提名，其资格必须符合定制，由吏部负责审查；选缺由吏部铨选任用。这两者均须具奏皇帝批准。

由于官员出缺后办理补授手续须费时日，所以不论题、调、留、选各缺，均须先由督抚委任人员暂时署理，称“委署”。州县官的委署，按制度应由本省布政使、按察使（负责行政和司法的省级官员）提名，但实际上这一权力早已为督抚所侵夺。督抚发布委署命令后，要向皇帝具奏，并报吏部备案。为了防止督抚滥用委署权，清朝制定了相应的防范制度，如规定署理期限，限制督抚将正式州县官委署其他缺位的数额；限制署理人员的资格和范围，等等。

综上所述，清代各省督抚拥有重要缺位州县官的任用权，同时拥有所有缺位州县官的委署权；吏部则拥有一般缺位州县官的任用权，同时拥有所有补授、委署州县官的资格审查权。

三、 清代州县官任职制度的演变

清代的州县官任职制度，在当时的历史条件下有其合理性。这主要表现在：第一，清代在州县官任用过程中严重存在“曲徇请托”、“贿赂公行”和地方督抚“引用心腹之人”等弊端，而州县官任职制度恰恰在于对总督、巡抚等地方大吏的权力进行规范和节制。第二，如上文所述，这一制度内容周密，各个环节相互衔接，具有法制化特点。

但同时需要看到的是，清代州县官任职制度在具体实行时往往严重走样，执行情况并不理想。清代地方督抚们采取种种手段破坏有关定制，侵蚀原本属于吏部的权力，实际上主导了州县官的任用。这些手段主要有：其一，无视关于州县官任职资格的规定，奏请、任用资历不符的人员署理或任职。其二，对于经吏部铨选委任的实缺州县官，到省后不令其赴任，而自行委署其他人员长期鸠占鹊巢。其三，在州县官出缺后不启动正式补授程序，而长期调用、委用本省官员或候补人员署理。这种做法十分普遍，以致各地的州县官频繁更调，任期缩短，如江西新昌县“自咸丰以迄光绪凡五十七年”，先后有53任知县，年年易任。

至清末“预备立宪”时，选缺州县官由吏部铨选任用的制度被彻底废除。按照新的制度，凡符合州县官任职资格的人员全部分发各省；全部州县官缺位的委署和正式补授，均由各省督抚题奏。至此，州县官的任用权完全落入了地方督抚之手。这是中国历史上县级行政官员任命制度的重要变更，州县官由中央直接任命的制度至此终结。

四、关于地方行政首脑权力制约问题的思考

自秦建立中央集权的政治体制后，中央与地方之间的相互角力长期构成中国传统政治运作的一个重要旋律。这种角力，其结果常常是地方权力占据上风，中央对于地方行政首脑的制约往往难以取得实效。通过对清代州县官任职制度的梳理可以发现，出现这一问题的根本原因在于缺乏合理的地方分权制度。

中国虽然自秦以来即实行中央集权的行政体制，但由于各地经济、社会、文化情况千差万别，实际上中央政府根本不可能实现对各种政务的全面操控。为了有效地实施统治，历代王朝必须赋予地方官员独立处理各种政务的权力；而为了防止地方行政首脑坐大，又总是采取各种措施对他们的权力加以限制。以清代为例，其行政体制设计以“条”“块”相制为原则，一方面以督抚作为地方最高军政首脑，以保证地方权力的完整性，另一方面又

通过六部等中央机构来对督抚权力进行制约。应该说，这也算是一种集权与分权相结合的体制。但问题在于：第一，各级地方行政理论上都属于统一国家行政的一个层面，不存在独立的地方行政，中央与地方权限因此不清；第二，中央部门要求恪守定制，地方行政首脑追求扩张自己的轨外权力，双方相互角力；而皇帝出于维护统治的考虑往往迁就地方首脑。以清代州县官任用为例，每遇各地督抚"违例更调"，吏部都会根据定例议驳，但双方往往各持己见；而皇帝在裁决时，一般都会迁就督抚。

从现代的观点看，当时以"内外相维"、"条""块"相制为主要手段的地方行政首脑制约机制，存在两个缺陷：其一，仅仅属于一种自上而下的行政监督，而不含任何自下而上的民主监督因素；其二，作为一种自上而下的行政监督机制，其内部又缺乏明确的权力划分。19 世纪末 20 世纪初，现代地方自治制度传入中国，它一方面讲求中央与地方行政的明确划分，另一方面通过民意机构自下而上地来对地方自治行政进行监督。这为解决中国传统政治中的地方行政首脑权力制约问题提供了新的途径。

作者简介

魏光奇，1950 年生于北京。首都师范大学历史系教授，博士生导师，从事清代和近现代政治制度史研究。著有《官治与自治：20 世纪上半期的中国县制》等论著，曾主持 1999 年国家社科基金项目"20 世纪前期县乡行政制度研究"、2002 年国家社科基金项目"清代州县行政和乡里制度研究"。

清代赦宥制度的特点

林　乾

中国古代赦宥制度源于《周礼》的三赦、三宥（yòu）。赦是放免之意，宥即宽缓。三赦即一赦幼弱，再赦老耄（mào，泛指老年），三赦蠢愚，前两项即不具有完全民事行为能力的人群，蠢愚是指智力不健全者。三宥即一宥不识，再宥过失，三宥遗忘。不识即不审（如误杀行为）而犯罪；遗忘，本质也是过失犯罪。凡不在以上六项者，并不在赦宥之列。秦汉以来，封建王朝将以上犯罪群体或行为作为制度规定下来，形成一般的赦宥制度，即所谓“常赦”，而在此基础上，为表征皇帝的生杀大权，以及受儒家约法简刑思想的影响，逐渐发展起大赦制度。本文所谈的赦宥制度限于后者。

清代赦宥制度体现了矜恤人命、慎重刑罚的儒家思想。概括其特点，主要有五：首先是形成了完善的制度。赦宥分为两种，第一种是恩赦，即俗称的大赦；第二种是恩旨，是指寻常万寿节、喜庆日等减等或免除轻罪刑罚。清代恩赦在以下三种情况下形成定制：一是大典、节庆，最重要的是皇帝即位、登基、改元，有万象更始之意。如天聪十年（1627）四月，皇太极去汗号，称皇帝尊号，改国号为大清，改元当年为崇德元年。礼成，颁诏大赦，除十恶不赦外，其余罪犯全部赦免。这也是清朝建国后的第一次大赦，其表征意义，非同一般。汗号是沿袭蒙古称号，而皇帝是汉族传统的最高称号，改号既是与明朝分庭抗礼的宣示，也意味着它不再是边族之国，而已高居众蒙古之上。再如，顺治元年（1644）十月，顺治帝抵达北京后，行郊天大礼，即皇帝位。随即以中原平定，奄有天下，实行大赦。这次大赦宣示正式承继明朝，君临全国，意义同样重大（《世祖实录》卷十一）。除即位、改元实行大赦外，乾隆帝还创即位十年特赦之制。此外，册立皇后、皇帝五旬以上寿典、皇太后六旬以上庆典等重大节庆，也实行大赦。如康熙四十二年（1703），是玄烨五十寿典，即万寿节，时四海宴安，河工告成，遂大赦天下。二是大的战争胜利，实行大赦。如康熙二十年（1681），历时八年之久的三藩之乱终被平定，清朝由此进入一个全新的发展时期，为此，大赦天下。康熙三十六年（1697），在西北边疆不时侵扰的噶尔丹被平定，当时又值太和殿重新修缮落成，遂大赦天下。三是大的自然灾害，如大地震、雨水不时等。如康熙二十六年（1687），因天旱不雨，下诏大赦天下。

赦宥由刑部主持实施。刑部设有经常性机构——减等处，主持经常性赦宥事务。每次大赦前，刑部等上报《恩赦条款》和《减等条款》，经皇帝钦定后，依据这两个章程具体实施。

大赦的对象包括国家的所有臣民，即官、吏、军、民。恩赦即大赦，死刑以下全部赦免刑罚。恩旨是减等，即降低原来刑罚等级，如死刑降为流刑、流刑降为徒刑、徒刑降为杖刑之类。

大赦有限制条件，俗称“十恶不赦”，法律上称为“常赦所不原”，即包括谋反、大逆、谋叛等严重危害国家及元首安全的犯罪，以及以卑犯尊等，不在大赦之列。清代还有两种犯罪通常不赦，一是军务犯罪，《大清律例》表述为：凡关系军机、兵饷事务，俱不准援赦宽免。二是官员侵贪入己，数在一万两以上者，不准援免。乾隆四十六年（1781），震惊朝野的甘肃捏灾冒赈、侵蚀监粮案发，乾隆帝在处理该案时，因侵贪过万官员甚多，遂网开一面，确定二万两为“生死线”：凡是婪得银数在二万两以上各犯，全部问斩；贪赃二万两以下各犯，俱问拟斩候情实，于本年勾到时，刑部分别请旨。随即，乾隆帝专门发下谕旨，以后虽遇大赦，各该犯等不得援照省释，犯人所生亲子，亦不准应考出仕，以示惩儆（《高宗实录》卷一千一百六十二）。这无疑是从国家根本利益着眼。相反，轻罪、初犯、过失犯罪，以及因人连累致罪，除常赦外，还可随时奉旨赦免刑罚。

清代赦宥制度的第二个特点体现了儒家“刑罚世轻世重”的理念，即治乱世用重典，不轻赦，盛世刑罚轻，多赦。据清末律学家沈家本考证，汉朝大赦盛时少而乱时多，而清代却不是这样。据《清朝文献通考》等官书记载，清代自顺治元年至宣统三年（1644—1911）的268年间，共有81次大赦，顺治朝大赦13次，康熙朝26次，雍正朝7次，乾隆朝19次，嘉庆、道光、咸丰、同治、光绪五朝共16次。这说明清朝有效地利用皇帝所特有的最高刑罚权，调节、缓解社会矛盾。康乾盛世，相对来说，国泰民安，共有52次大赦，其中康熙朝61年间有26次大赦，停止全国秋审、朝审14次，停秋决人犯18次；赦免江南、浙江、山东、福建等省份死刑以下罪犯8次，还多次停止了秋审、秋决情实人犯。可以说，清朝誉美自己“深仁厚泽”，在很大程度上是康熙朝的宽大之政给争得的。而步入近代以来，内忧外患，灾难频发，大赦也越来越少。

第三，清代大赦的范围更宽。明代徒、流犯至配所不赦。康熙九年（1670）起，在配所的徒犯逢大赦时也免除刑罚。乾隆二年（1737）规定，充军、流犯在配所三年安静悔过，愿回籍者听。同年，乾隆帝命刑部通行各省，除必不应赦者，仍行通缉外，凡是与赦款相符者，概免通缉。有在本案牵连待质之犯，亦即予释放。后来又规定，所有直省朝审、秋审各犯，缓决三次以上者，分别减等发落。

第四，大赦与减免赋税相并而行，起到了德刑两治，相为补弼的效果。《尚书》既有“眚（shěng，灾异）灾肆赦”的记载。原其本意，每有灾害发生，人君要反省施政得失，故实行赦免是人君重新获得臣民拥戴的重要契机。鉴于此，清代每逢大的自然灾害，往往免征赋税、实行大赦相并而行。乾隆十一年（1746），是弘历即位十周年。乾隆帝以“海宇乂（yì，安定）安，万民乐业”，决定实行与民休息政策，即将上年夏月颁发“天下正赋普免一遍”的谕旨与赦宥之典，间一举行。于是颁布诏书，实行大赦。次年四月，因雨泽愆期，又降旨刑部，将牵连待质人犯，及枷责轻罪，全部释放。又将康熙五十二年至雍正三年（1713—1725）以前不赦之案，分别减等，雍正四年以后至十三年（1726—1735）以前所有不赦各案，再次清理复勘，有应行减等者，即酌定请旨。对大赦的认识，尤其是德、刑关系，乾隆帝说得更清楚，他说：

> 为人君者，于德刑二事，平日本宜刻深兢励，与其托诸空言，不如见诸行事之实。修德莫大于爱民，若恩泽广布，加惠民间，俾海寓子民，共臻乐利，则所谓修德，孰大于是！至以修刑而论，则停免勾到，即所以恤刑，但赦非善政，利于宵小而不利于善者，昔人即有此论。（《高宗实录》卷一千四百五十八）

第五，对于赦免后犯罪，以及因为将要大赦而故意犯罪，做了原则规定。《大清律例》定有“恩赦而故犯”一条，是针对故意趁大赦之机而实施犯罪的惩罚条款，规定：凡闻知将有恩赦而故犯罪以觊幸免者，加常犯一等（《光绪大清会典事例》卷八百五十二）。遇赦减徒人犯，将来复犯，即照三犯定拟，设或再遇恩赦，则屡犯不逞，即在情节较重之列，自应照不准再免并计之例，亦不准其再为减等（《光绪大清会典事例》卷七百九十）。乾隆帝针对枷杖以下等轻罪人犯，屡赦屡犯，使法律失去公信力的弊端，规定凡恩赦人犯，于减等发落之日，各取改过自新甘结，再犯加等治罪，并于通衢僻壤，将罪名详细昭揭。这样就既使身受者潜消桀骜（jié ào，倔强）之情，同时也达到了教育他人的效果（《高宗实录》卷二百五十七）。

整体上看，清代大赦既避免了滥赦使犯罪者有侥幸的心理，也使赦宥制度体现了矜恤人命、慎刑、轻刑的思想，缓解了社会矛盾，特别是对初犯、轻罪、过失犯罪予以改过自新的机会，体现了刑罚的教育性。当然，从本质上讲，大赦是专制皇权的产物，是生杀予夺操之君上在刑罚上的具体体现，也是法律不平等的体现，以往法律思想家如明代丘濬、王守仁等人均予以批评。

作者简介

林乾，1959年出生于长春。现为中国政法大学法律史学研究院副院长、教授、博士生导师，国家清史编纂委员会典志组专家。研究方向为清代法制史、政治制度史。著有《中国古代权力与法律》、《康熙惩治朋党与清代极权政治》、《清代衙门图说》、《清通鉴·康熙卷》等专著，发表专业论文40余篇。

清朝军机处

王思治

清世宗雍正皇帝即位时，竭力加强封建专制主义中央集权的统治。军机处的设立即为其中的一项重要措施。

一、军机处的设置

清朝军机处，其初是因清廷用兵西北而设置。雍正七年（1729），清军两路出征策旺阿拉布坦，于是设军机房，以亲王大臣主其事，“密为办理”军需事务。

雍正八年（1730），增设军机章京，次年铸军机处印信，文曰“办理军机处印信”，储于大内。雍正十三年（1735），雍正帝逝世，乾隆继位。十月，罢军机处，改设“总理事务处”。乾隆二年（1737）十一月，罢“总理事务处”，恢复军机处。直到宣统三年（1911）四月，辛亥革命前夕，清廷设责任内阁，作为中枢机关的军机处才废止，其存续时间一百八十余年。

军机处初设时并非正式机关。其事权由办理军事机密而不断扩大，“机要奏章皆下焉”，故又称“枢廷”，执掌军国重务。其职官称“军机大臣上行走”，初入者加“学习”二字，称“军机大臣上学习行走”，简称军机大臣。军机大臣“惟用亲信，不问出身”，由满汉大学士、尚书、侍郎等简任。其名次排列以官位高低或以入军机处先后为序，也有由皇帝指定者。军机大臣之领班通常称为“首揆”，或称“领袖”，所谓“任军机者，自亲王外，其领袖者，必大学士”。军机大臣之下有军机章京，从内阁、翰林院、六部、理藩院、议政处等衙门官员中，挑选敏慎者充任。雍正帝曾给军机处御笔书写匾额曰“一堂和气”，意在告诫军机处所有官员，应融融一堂，和衷共济，俯首听命，忠勤皇帝，尽心王事。

二、军机处办事既快且密

军机处无正式衙署，其办事处称“值房”，先在乾清门外，后移乾清门内，靠近皇帝寝宫养心殿。雍正时，每日寅时（3—5时），军机大臣、军机章京入值房，以便皇帝随时召见，“天子无日不与大臣见”。军机大臣根据皇帝面谕，撰写诏旨，进呈皇帝审阅改定后，加钤（qián，盖）军机处印，交兵部加封，发驿驰道，依事情之缓急，分别日行三百里至六百里，称“廷寄”。廷寄规制是由雍正时军机大臣张廷玉规划的，后逐渐完善形成制度。曾任军机章京的管世铭有诗云：“面承密敕语从容，分写新纶撰进恭。御笔亲添三五字，别传天语带朱封。”此诗反映了承旨书谕与廷寄的过程。诗中所说“朱封”是将皇帝朱笔修改的原件照发。所谓“诏草经朱笔更改，例应另纸恭录，惟廷寄谕旨，即以朱发”。

廷寄谕旨内容所关者，是皇帝“告诫臣工，指授方略，查核政事，责问刑罚之不当者”。举凡事关军国的机密重务，皆由军机处廷寄给应该接收并执行上谕的大员，故又称“寄信上谕”。此外，凡属国家重大政令中外臣民应共知者，如宣布皇帝巡幸、谒陵、蠲（juān，免除）赈，中上级官员黜陟（chù zhì，指官吏的罢免提升）调补等等，由内阁发布，称为“明发上谕”，或称“内阁奉上谕”、“内阁奉旨”。

廷寄的特点是传达皇帝谕旨迅速、行政效率高。曾任军机章京的赵翼说，乾隆在出巡途中，有时于马上降旨，军机大臣奉面谕后，即命司员歇马撰拟立就，飞驰前往，赶在皇帝至行宫前进呈，名曰“赶乌敦”。“乌敦”是满语，指皇帝中途小憩之“尖营”。赵翼曾扈从木兰行围，他说：“扈从木兰时，戎帐中无几案，率伏地起草，或以奏事黄匣作书案，而悬肘书之。夜无灯檠（qíng，烛台），惟以铁丝灯笼作座，置灯其上，映以作字，偶萦拂，辄蜡泪污满身。”木兰秋狝（xiǎn，秋狝，古指秋天打猎）时，军机章京撰拟谕旨的条件虽然简陋，但办理快速，效率甚高。

军机处具有高度的机密性。为了防止泄密，军机处有官而无吏，故凡收发、文移、登记档案、奉寄谕旨、存封文件，这些本应由吏员操办的具体事务，皆为军机章京之职责。凡需各衙门密议之事，亦由军机处领管。乾隆时规定：“军机处系机密之地，所交密议奏章，本无宣泄。其应交该部密议者，嗣后俱交军机处存记档案，交发部议。其奏事处所奏密议事件，著亦交军机处记档转发。”军机处成为各衙门密议政事的主管。

嘉庆皇帝说：“军机处办理枢务承写密旨之地，以严密为要，军机大臣传述朕旨，令章京缮写，均不得稍有泄露。”为防泄露，皇帝召见军机大臣时，太监不能在侧伺候。军机处值房，乃是保密重地，其他官员更不得稍有涉足。乾隆皇帝说：“军机处系机要重地，凡事俱应慎密，不容宣泄。”自王公以下满、汉文武大臣均不准到军机处与军机大臣叙谈，军机大臣亦不得与督抚等地方大员交接。赵翼说：“军机大臣罕有与督抚外吏相接者。前辈尝言，张文和公（廷玉）在雍正年间最承宠眷，然门无竿牍，馈礼有至百金者辄却之。讷公亲当今上（乾隆）初年，亦最谋眷遇。然其人虽苛刻，而门庭峻绝，无有能干其私者。”而军机处值房更是体制谨严，部院官员如有在阶前站立，立被逐斥：“此机要地，非公所宜至也。”每日有都察院御史一人，到军机处旁之内务府值房监视，如有违规者，参奏候旨严惩；若御史失职，则由军机大臣参奏。彼此互相监督，以严肃军机处机要重地。

三、 军机处的主要执掌

由于军机处传达谕旨既快且密，行政效率高，皇帝又能得心应手，故其事权不断扩大，成为“综军国之要以赞上治机务”的中枢机构，其主要职掌有：

1. 撰写谕旨，经皇帝审阅改定后，需公开宣示者，交内阁颁发。举凡“或速谕或密谕”，经抄录存档后，由军机大臣封寄。凡官员奏折请旨，录副送内阁传抄后交回存档（即军机处录副奏折）。题本则归内阁。2. 办理皇帝交议的大政，或由军机处密议具奏，或会同有关部门会议具奏。3. 办理重大案件。4. 奏补京内外中上级官员，请旨任用。5. 遇有军事行动，稽考山川道里，绘制成图，以备皇帝查询；并将所需兵马钱粮，由户部、兵部提供简单确数，缮单备皇帝查询。6. 汇总并稽查各省督抚年终汇奏事件，如各省拿获命盗、各盗已结数等等，稽查有无迟延遗漏。

皇帝面谕军机大臣，起初承旨者只是首揆军机大臣。雍正时，“凡有诏旨，则命（张）廷玉入内，口授大意，或于御前伏地以书，或隔帘授几，稿就即呈御览，每日不下数十次”。其时，军机大臣或是在皇帝面前趴在地上拟旨。乾隆初年，也是首揆讷亲一人承旨。讷亲能强记，然不甚通文，回到值房，令汪由敦撰拟。“讷公惟恐不得当，辄令再撰，有屡易而仍用初稿者。一稿甫定，又传一旨，改易亦如之。文端（汪由敦）颇苦之，然不敢较也”。后傅恒任首揆军机大臣，其人记性欠佳，皇帝面谕惟恐有所遗忘，于是恳请军机大臣一同进见，乾隆允准，遂为定制。

军机大臣“职居密勿（机密要务）”，但也只是“承旨书谕”，国家大权始终由皇帝“乾纲独断”。军机章京草拟谕旨用皇帝语气，其人外任督抚后，往往习以为常，批答下属公文，仍然如此。如吴熊光先任军机章京，后外任湖广总督，“因其在军机章京年久，拟写谕旨，文禀批答，率意书写，竟与拟写谕旨相似”，遭到嘉庆帝训斥。

嘉庆皇帝曾说：“我朝列圣相承，乾纲独揽。皇考高宗纯皇帝（乾隆）临御天下六十年，于一切纶音宣布，无非断自宸（chén，封建时代指帝王住的地方，引申为帝王的代称）衷，从不令臣下阻挠国是。即朕亲政以来，办理庶政，……大权从无旁落。”

军机处的设立具有重要意义。由于军机处地位显赫，在皇帝的授权下，可以总揽军国大计，这就使“议政王大臣会议”显得有名无实。另外，由于一切军国大事均须听从皇帝裁断，没有丝毫行动和决策余地，军机大臣不过是“承书谕旨”，实际上就是皇帝的高级机要秘书，这自然加强了皇帝的权威，使封建专制主义中央集权获得了空前稳固。

作者简介

王思治，1929年生，四川省自贡市人。中国人民大学教授，主要著作有：《清史论稿》、《清代通史·康熙卷》、《康熙大帝》、《康熙事典》、《避暑山庄与外八庙》等，并主编《清代人物传稿》上编第一、三、五、八卷等。

清代的盟旗制度

赵云田

清代蒙古地区存在着许多“盟”和“旗”，它们既是基层政权组织，又是军事组织和社会组织，每旗设扎萨克（即旗长）等官员管理，一旗或数旗合为一盟，设盟长和副盟长。各盟旗受理藩院管辖，此制度即为“盟旗制度”。今天，在我国内蒙古地区仍然存在着一些盟和旗的行政建置。

一、盟旗制度的渊源

清代盟旗制度的渊源，是蒙古族原有的鄂托克、爱马克社会组织，“楚固拉干”的集会，以及努尔哈赤时期创建的满洲八旗制度。

明清之际，我国蒙古族正经历着封建领主制发展阶段。蒙古族居住地区形成的各部，实际上就是大小不一、规模不等的各个封建领主集团。每个封建领主都拥有一定的领地和“阿寅勒”（牧户）。大领地叫做“兀鲁思”，由大的部落集团构成，并以该集团中强大部落名称为该兀鲁思名称。兀鲁思可以分成若干互相联合的、大的阿寅勒群，这些阿寅勒群在一块共同的土地上游牧，由这块土地的世袭领主做首领，该首领隶属于兀鲁思领主，人们称这种阿寅勒联合体为“鄂托克”。所以，鄂托克是一块小领地上的地缘结合体，是明清之际我国蒙古族社会中的基层组织，所有蒙古人都必须加入。在鄂托克中，一家一户的阿寅勒是基本的经济单位，他们要提供赋税和兵役。鄂托克又是一个军事组织单位，由鄂托克成员中的壮丁组成的武装集团叫“和硕”。每一个鄂托克根据人口多少，提供人数不等的和硕队伍。

兀鲁思除了分成若干鄂托克外，还可以分成若干“爱马克”。爱马克是游牧于同一地区的同族阿寅勒集团，是部落的分支，是近亲家族的结合。爱马克也必须要有共同的牧地，否则某一集团就不能称为爱马克。爱马克和鄂托克的主要区别是：爱马克不仅以地缘关系为基础，而且必须属于同一的亲族集团。鄂托克则只以地缘关系为基础，阿寅勒之间不一定存在着亲族关系。爱马克本身的大小，彼此之间可以相差悬殊。有时，一个爱马克就是一个鄂托克，甚至是一个兀鲁思；有时，几个爱马克才构成一个鄂托克。由于鄂托克经常以处于支配地位的爱马克命名，所以，在实际中，爱马克和鄂托克两词常常互相代用。

明清之际我国蒙古族社会中，在大小封建主之间，还存在一种集会叫“楚固拉干”。这种集会不是一种常设机构，集会地点、参加人员也都不固定，而是由参加集会的封建领主根据彼此间的关系事先商定。集会规模的大小也不尽相同，有时在一个兀鲁思内部进行，有时在几个兀鲁思之间召开。楚固拉干盟会解决的主要问题，或是调解彼此间的关系，或是商讨重要的行政、立法事项，或是建立军事和贸易方面的盟约。蒙古族社会中鄂托克、爱马克和楚固拉干的存在，为清朝在蒙古地区建立盟旗制度奠定了基础。

关于八旗制度，已有人专文论及，此不赘述。需要强调的是，八旗制度的性质和牛录一样，不单纯是一种军事制度，而且是后金政权的组织形式，是军政合一、兵民合一的社会单位。在皇太极时期，满族贵族统一内蒙古以后，即把八旗制度推行到内蒙古，演变为盟旗制度。

二、盟旗制度的形成

为什么八旗制度能在蒙古族居住地区演变为盟旗制度呢？首先，因为蒙古族的鄂托克、爱马克和满族的牛录有许多相似之处，它们都是社会基层政权组织，都是社会生产活动中的基本单位，都是军事组织的基层编制。正是因为这些相似之处，满族贵族才能比较顺利地把八旗制度的组织原则推行到蒙古族居住的广大地区，从而形成了蒙古族社会的新的组织形式——盟旗制度。其次，蒙古族和满族有许多共同点，也是满洲八旗制度能在蒙古族居住地区演变为盟旗制度的一个有利条件。满族和蒙古族一样，最初也是游牧民族，甚至满族先世女真族的某些部，就是由蒙古族演化而来。在相当长的时间里，满族使用的是蒙古族文字；满文的创制，也是对蒙古文改革的结果，等等。正是由于满族和蒙古族存在诸多共同之处，才使得蒙古族比较易于接受满族的制度。

当然，满洲八旗制度推行到蒙古族社会，能够演变为盟旗制度，是清统治者采取了一系列行政措施的结果。这些措施主要包括三方面内容：一是反复申明并落实，使蒙古族接受清（后金）政权的法令制度，这是盟旗制度形成的基础。二是在蒙古族居住地区划定游牧地界和编审地方户口，这是盟旗制度形成的重要条件。三是任命官员，这是盟旗制度形成的标志。满族贵族采取上述措施后，蒙古地区各级封建主之间原有的领属关系取消了，都变成了清（后金）政权管辖下的臣民，其中相当一部分成为清

（后金）政权在蒙古族地区的各级行政官员；蒙古族社会中原有的封建主领地也发生了变化，变成了旗地，蒙古封建主只有管辖权和使用权，没有占有权。这样，蒙古地区的盟旗制度便由此形成了。

清代盟旗制度形成的过程，就是蒙古各部归附清（后金）政权的过程，起于天聪九年（1635），终于乾隆三十六年（1771）。从地域上讲，有内蒙古、外蒙古、西蒙古等之别。内蒙古在崇德、顺治、康熙年间陆续完成编旗设盟。共设有哲里木盟4部10旗，昭乌达盟8部11旗，卓索图盟2部5旗，锡林郭勒盟5部10旗，乌兰察布盟4部6旗，伊克昭盟1部7旗。

外蒙古编旗设盟在康熙三十年（1691）多伦会盟前后，到乾隆年间，外蒙古设立4盟86旗。

西蒙古编旗设盟多在乾隆年间。有杜尔伯特部赛音济雅哈图左翼盟、右翼盟，总计16旗；乌讷恩苏珠克图南路、北路、东路、西路4盟，巴图赛特启勒图中路盟，青色特启勒图盟，总计15旗，在伊犁、塔尔巴哈台等地游牧。

三、盟旗制度的性质和作用

清代前期，盟旗制度下的盟主要是指会盟制度。按清政府规定，每隔三年，每个盟都要在指定地点“简稽军实，巡阅边防，清理刑名，编审丁册”。每盟设盟长1人，办理会盟事务。盟长在本盟内旗扎萨克中选任，报理藩院请旨简放，由理藩院颁给印信。到清代后期，盟才发展为蒙古族地区一级行政机构，盟长有了办事衙署，增设了副盟长，以及帮办盟务等人员。盟长的职权和作用大大提高了。

盟旗制度下的旗，是清代蒙古族地区的治事机构、军事组织。每旗设扎萨克1人，由理藩院颁给印信，作为旗的首脑总理旗务。扎萨克的职责，一般包括旗内的行政、军事、司法、课税、差派、属官任用和牧场更换。扎萨克的属官有：协理旗务台吉2—4员，管旗章京、副章京2—3员，也均需要经过清政府批准。旗内150丁编1佐，1丁1户，即150户，设佐领，管理佐内事务。每佐还设骁骑校、领催等员，负责审查本佐内的户籍、钱粮、婚丧、诉讼、田土等事。

旗作为蒙古族地区的政权机构，主要职能是：统计户口，编选壮丁；分配游牧场地，防止牧区被过度垦种；防止人口流动，稳定社会秩序；办理蒙古族牧民的婚姻；荒歉年份进行社会救济；审理刑事诉讼案件等。旗作为蒙古族地区的军事组织，主要任务是察阅兵丁和巡阅边防。

清政府在蒙古族居住地区推行盟旗制度，目的是要加强对蒙古族各部的统治，但是在客观上，有利于蒙古族社会秩序的稳定，有利于清朝统一多民族国家的巩固和发展，对于抵御外来入侵势力，也有着积极影响。

作者简介

赵云田，1943年生，北京人。中国社科院近代史所研究员。1993年开始享受国务院颁发的政府特殊津贴。著有《清代蒙古政教制度》、《中国边疆民族管理机构沿革史》、《清朝治理边陲的枢纽——理藩院》、《清末新政研究——20世纪初的中国边疆》等，清史《藩部封爵世表·四大活佛世表》项目主持人。

清代后期中央集权财政体制的瓦解

魏光奇

清代前期，实行中央集权的财政体制。至咸丰同治以后，这种体制趋于瓦解，出现了各省各自为政的局面。这种财政体制的变化，并非出于清廷自上而下的主动改革，而是地方督抚专擅财权的结果。因此，它一方面具有财政体制近代化变革的意义，另一方面又是导致晚清督抚专权局面形成的重要因素。

清代前期，实行中央集权的财政体制，一切财权统掌于中央财政机构户部。中央政府虽不直接经理全部财政收支，但却通过制定统一的收支科目、收支标准和报销制度来保证一切财政收支都由中央控制。

清前期的经常性财政收入有地丁、杂赋、盐课、常关税等10项，其中田赋、杂赋由地方组织征收，但税目、税额（或税率）以及缓减免政策都由户部统一规定；各常关商税（即常税）名目繁杂，清政府制定了数十万字的《各关税则》，具体规定了每一项商品的税额和税率。在中央规定的税收之外，地方不得另立名目征收地方税或在国家税基础上征收地方附加税。浮收、瞒报、冒销虽然普遍存在，但并不合法，属于官吏的贪污行为，不能形成地方税收收入。这样，就保证了一切财政收入权统归中央而地方官不得专擅。这一时期的经常性财政支出为官吏俸食、军队饷乾等15项，其中绝大部分由户部定额，层层分解到各部门、各地方（直至州县），必须严格按照部定科目和数额开支，并直接作为国家支出由户部核销。

清政府通过严格的报销制度来保证这种财政收支的集权体制，户部设立14个“清吏司”，负责中央各部门和全国各级政府的收支报销。各省虽然存在不经户部报销的所谓“外销”（类似于现代财政的“预算外”）收支，但数目很小。

清代前中期之财政机构，在中央为户部，在各地为各省布政使司、各地盐运使司、粮储道、海关道，属于中央财政机构的分支或代理机构。他们虽然受各省督抚节制，但并非各省地方财政官员，在履行财政职责时惟听命于户部。他们所掌管的各种款项，全系国家财政基金，动支、报销均由户部直接掌核，地方官员无权支配。

这样一种中央集权的财政体制，在顺治至雍正年间逐步形成并完善起来，直至咸丰元年（1851）太平天国起义爆发，大体上没有变动。

在中央集权财政体制下，凡有大兵役，兵饷全由户部筹拨，各省统兵大员无需自筹，也无权自筹。咸丰三年（1853），太平军进入长江流域富庶省份，部库和各省布政使司库藏帑（tǎng，公款）殆尽，至无款可拨，于是，各省、各统兵大员截留税收，自己筹饷。这种局面的出现，意味着地方督抚开始取得了财政收支权。在以往中央集权的制度下，各省布政使司库定时向中央上报库存银两数目，听候户部随时调拨；而这时各地截留税收，报告中央“无款可拨”，中央政府因此失去了经费保证。于是，清政府不得不改变“京饷”的拨解制度，自1853年起，实行各省布政使司库每年定额向中央上解款项的“大包干儿”制度。

这一变革，本来只是清中央政府保证自己常年经费的权宜之计，但它所产生的实际影响，却远远超过于此。第一，京饷由各省每年将库款悉数报拨改为由户部定额指拨，意味着中央同地方进行了财政收入的划分，各地上解“京饷”以外如有剩余中央不再过问，可由地方支配。第二，中央既然不管各省每年收支情况如何，而要求他们必须按定额上解“京饷”，也就不能再要求他们恪守户部规定的收支制度，必须默认他们在入不敷出的情况下，甚至在并非入不敷出的情况下，自行增收、减支、挪用。第三，在中央集权财政体制下，户部对地丁、杂税、盐课、漕赋、关税以及出自这些项目的支出实行分口管理，“条条专政”，分别责成布政使司、盐运使司、粮储道和税关监督经理。此后，实行以省为单位，统统责成各督抚筹款上解的办法。这样，就等于承认了各省督抚对布政使、盐运使等官员财政职权的干预，使这些官员成为督抚属员，其所管各库无形之中降为地方库，从而形成了以各省督抚为首领、以省为单位，各省包括藩（布政使）、运、粮、关等机构和其他财政局所的“块块专政”的财政系统。

至此，地方督抚自行攫取财权的做法被合法化，中央集权的财政体制开始陷于瓦解。

中央集权财政体制瓦解后，在事实上形成了省一级财政。各省开始自立收支科目，自定收支标准，经理大量的地方收支。其财政收入项目是：清前期各项传统租税上解京饷后的剩余部分、厘金、捐纳收入、杂捐、海关关税之一部、田赋附加、盐斤加价、洋务企业官股收入、发行纸币铜元利润、内外债和他省协款；其主要财政支出项目是：清前期各项传统支出之一部，自募营勇和新军军费，本地海防、江防经费，自行设立的临时机构经费，洋务开支和“新政”开支，地方内外债还本付息，协济他省款项。这些地方收支，形式上仍须报部核销，但此时报销制度已经废弛，户部只是例行公事，无诘无驳。此外，各省无须由户部报销的所谓“外销”，也数额剧增；清末清理财政后，国家财政收入骤增至2亿两以上（较五年前翻了一番），即与各省“外销”收入被清查出来有很大关系。

随着上述地方财政收支的形成，各省地方财政、税收机构也建立起来，它们是循着两种途径产生的：其一，在布政使司之外另设机构，如当时各地的总粮台、善后局、海防局、军需局、筹防局、筹款局、厘金局等；其二，不另设财政机构，而由布政使司、盐运使司等官员兼理本省财政。这一时期，各省还设立了自己的金融机构——官银局、官钱局、银行等。

清政府中央集权的财政体制瓦解后，中央财政的收支远不及各省多。光绪三十四年（1908），清朝全国财政收入已超过2亿两，其中户部收入不过2400万两，仅占12%。

清代后期中央集权财政体制的瓦解，直接原因在于太平天国战争爆发后，清政府军事职能的行使由中央转移到了地方。清代前中期遇有战事，由中央简任钦差大臣、调发营兵组成出征大军作战；而太平天国战争爆发后，绿营兵屡战屡败，清政府只得依靠各地官员募勇作战，并不得不听凭他们自己筹饷，中央集权的财政体制因而陷于瓦解。

此外，清后期中央集权财政体制的瓦解还有着更为深刻的社会经济原因。在中国传统社会，经济发展停滞、稳定，各地经济结构无显著差异，国家财政主要服务于政府自身的开支而很少用于社会经济文化建设。正是这种情况，使得国家的财政收入、支出（项目和数额）均具有极强的稳定性，各地的财政收支结构也具有同一性。这就使得清代前期国家能够通过制定统一的收支制度和报销制度来实现财政的中央集权。

清代后期，情况大变。商品经济的迅速发展引起了清政府财政收入构成的变化，财政收入不再具有稳定性；各省财政收入构成的同一性也不复存在。清政府的财政支出构成也发生了变化，军费、赔款、洋务、“新政”和债务支出剧增，其数额、项目不具有规律性、稳定性，因地而异，其具体项目更是纷杂不一；市场经济的变动性也使得各种财政开支的标准无法固定。至清末“新政”，各省区、各州县又因地制宜，推动本地的经济、文化建设。在这种情况下，清政府对财政收入和支出不再能实行统一的定项定额管理，建立在这种管理办法之上的中央集权财政体制自然也就无法继续维持下去。

晚清政府不能因时而变，采取主动、积极的措施进行财政体制改革，以分级管理体制来取代中央集权体制，同时又没有能力阻止中央集权财政体制的瓦解，而是听任各地督抚攫取财权，结果造成了晚清数十年财政体制的混乱，为督抚专权和民国前期的军阀割据提供了财政基础。

“海防塞防之争”与清季国防战略

杨东梁

在中国历史上，现代意义上的“国防战略”是从鸦片战争以后才逐步形成的。中国传统的国防思想是重陆轻海，所谓“拒之于水不如拒之于陆”。在这样一种战略思想指导下，有海无防的危局显得特别突出。以至于鸦片战争中，两江总督裕谦在检阅了浙江水师后曾评说，绝大部分水师官兵不会装弹放炮，“各处海口，所安炮位，几同虚设”。

忽视海防，使得东南海疆门户洞开。在两次鸦片战争中，英、法等国军舰南北驰骋，如入无人之境。尤其是第二次鸦片战争时，英法联军破大沽、掠天津、陷北京，逼使咸丰帝狼狈逃往热河，清朝统治集团发出了“夷祸之烈极矣”的哀叹。

咸丰帝去世后，慈禧、奕䜣集团通过“北京政变”上台执政。面对内外交困的局面，他们对国防战略有了较为明确的表述，即把清廷、农民军、西方列强之间的战略三角关系比之为三国时期蜀、魏、吴间的多边关系。将农民军、沙俄、英国分别比之为“心腹之害”、“肘腋之忧”和“肢体之患”。此种战略思路的核心仍然是“攘外必先安内”，若从国防战略角度看，则是将“治俄”置于“治英”之前，亦即将“塞防”置于“海防”之前，与传统方针并无差异。这一战略安排，直接导致清政府在19

世纪70年代的海疆危机中处于被动地位。

但是西方列强来自海上的严重挑战，不能不对清政府产生触动，一些有识之士更是为加强海防而大声疾呼。早在19世纪40年代，魏源就提出了“师夷长技以制夷”的主张，建议设立造船厂和火器局。1866年6月，闽浙总督左宗棠上疏阐明加强海防的重要性，认为“欲防海之害而收其利，非整理水师不可；欲整理水师，非设局监造轮船不可”。对于左宗棠的建议，清廷称之为“当今应办急务”而予采纳，并立即决定筹办马尾船政局。这说明清朝主政者已由过去的偏重塞防开始向关注海防转变。

正当清政府着手创办造船厂、筹建海军之际，西北边塞和东南海疆几乎同时告急。在西北，中亚浩罕汗国（在今乌兹别克斯坦境内）军事头目阿古柏，趁新疆局势混乱之机，于1865年春入侵我国，盘踞南疆七城；1871年夏，沙皇俄国也趁火打劫，派兵侵占伊犁地区。在东南，日本在美国支持下，借口所谓“琉球漂民”事件，于1874年5月出兵台湾，使海防再度紧张。面对“倭逼于东南，俄环于西北”的局面，在国防布局上如何处理好海防与塞防的关系，如何把确定长远国防战略与解决突发事件的燃眉之急有机结合起来，就成为摆在清政府面前的一个亟待解决的问题。

1874年10月31日，中日两国签订《北京专约》，清政府被迫做出让步，不仅承认日本入侵台湾为“保民义举”，而且赔偿白银50万两。一个刚刚起步学习西方的东洋岛国也敢打上门来，索取利益，使清政府感到非常震惊，于是加强海防建设被紧急提上议事日程。《北京专约》签订后的第五天，以恭亲王奕䜣为首的总理衙门立即上疏同治帝，提出练兵、简器、造船、筹饷、用人、持久等6条加强海防的具体措施，并建议交由南、北洋通商大臣及滨江沿海督抚、将军筹议，最后由朝廷枢臣复议、决策。

不久，清廷又将前江苏巡抚丁日昌所拟《海洋水师六条》一并饬下筹议。其主要内容有：1. 外海水师必须配备大号轮船；2. 按西法建筑沿海新式炮台；3. 沿海选练陆兵，配合水师防海；4. 选任德才兼备者为沿海地方官；5. 建立北洋（直、鲁沿海）、东洋（江、浙沿海）、南洋（粤、闽沿海）三支新式海军；6. 设立制造局，作为新式海军基础。丁氏六条第一次明确提出建立中国近代海军海防问题，也第一次具体规划了建立中国近代化海军与海防的方案。

总理衙门和丁日昌分别提出的两个“六条”，主要精神都是要求加速新式海军和海防的建设。对此，直隶总督兼北洋通商大臣李鸿章、两江总督兼南洋通商大臣李宗羲、办理台湾等处海防兼理各国事务大臣沈葆桢，以及陕甘总督左宗棠等17人逐条详议后，基本都认为外患已成“心腹之疾”，“海防一事，为今日切不可缓之计”，对总理衙门原奏6条亦无异议，“均以为亟应筹办”，认识大体一致。但具体到国防经费如何筹措、分配（即筹饷），是侧重海防、还是侧重塞防，则暴露出尖锐分歧。据李鸿章估计，当时开办海防（包括购船、练兵、简器）至少先需经费千余万两。如何筹措这笔巨款呢？李鸿章建议，先提取海关四成洋税和部库历年提存四成，若不足再借外债。而当时准备收复新疆的军饷也是依靠海关洋税以及各省厘金捐拨。既然海防、塞防经费出自同一财源，那么二者孰轻孰重、孰先孰后就成了争论焦点。由海防论及筹饷，由筹饷又论及西征，使争论更趋激烈。直隶总督李鸿章与湖南巡抚王文韶分别代表了两种尖锐对立的意见。

李鸿章主张停撤西北“已经出塞及尚未出塞各军”，“停撤之饷，即匀作海防之饷”，理由是“论中国目前力量，实不及专顾西域”，“况新疆不复，于肢体之元气无伤；海疆不防，则腹心之大患愈棘”。山西巡抚鲍源深也随声附和，认为“耗费于边陲，竭财于内地，何以异是”。与之相反，湖南巡抚王文韶则认为，不应孤立地看待东、西防务，海疆之患也受到西北局势的影响。新疆形势严峻，沙俄侵占伊犁已成“久假不归之势”，“我师迟一步，则俄人进一步，我师迟一日，则俄人进一日。事机之急，莫此为甚”，“但使俄人不能逞志于西北，则各国必不致搆衅于东南”，因此主张“宜以全力注重西征”。山东巡抚丁宝桢、漕运总督文彬、江苏巡抚吴元炳也纷纷强调防俄的重要性。其时正任督办西征粮饷转运的左宗棠，对立刻大办海防持谨慎态度，对海防可能向塞防“争饷”表示忧虑，他警告说，应该防止“扶起东边倒却西边”的局面出现。

在督抚复奏阶段，对何为国防重点已有相左意见，但并未直接交锋。复奏会齐后，同治帝突然病逝，遂使本应开始的“廷议”推迟到第二年春天。1875 年 3 月 6 日，清廷颁旨，要求亲郡王、大学士、六部、九卿等大臣“切实会议”海防问题。于是一场关于海防建设乃至整个国防方针的大讨论在清廷决策层面展开。

“廷议”开始后，海防与塞防的争论更加白热化。刑部尚书崇实极力反对西征，甚至说新疆“纵能暂时收复”，“万里穷荒，何益于事”？刑部左侍郎黄钰也要求“此时决意不必进兵，其出关兵勇除酌留外尽归于海防”。而通政使于凌辰则强调“外患莫大于俄夷，尤莫急于东北”，“但修我陆战之备，不必争利海中”。两种意见针锋相对，各不相让。光绪帝的生父醇亲王奕譞则取折中态度，他一方面说“李鸿章之请暂罢西征为最上之策”，一方面又说“严备俄夷尤为不刊之论”，实质上仍是反对西征。

这时，清政府又密谕正在督办西征粮饷、转运的左宗棠，听取他的意见。4 月 12 日，左宗棠上《复陈海防塞防及关外剿抚粮运情形折》和《遵旨密陈折》，既驳斥了只有牺牲塞防才能加强海防的逻辑推理，又批评了只修陆战之备，不必争利海中的片面观点。他明确指出：“东则海防，西则塞防，二者并重。”当然，所谓“并重”并非平均使用力量，而是有一个先后缓急之分。当时中国国防态势的现状是西北边疆出现严重危机，大片国土沦丧，且事态还在继续恶化。此时若弃西征于不顾，后果不堪设想。

左宗棠的主张得到了武英殿大学士、军机大臣文祥的支持，文祥“独善宗棠议，遂决策出塞，不罢兵”。1875 年 5 月 3 日，清廷采纳了左宗棠的主张，并任命他为钦差大臣、督办新疆军务，放弃新疆、“暂罢西征”之议遂寿终正寝。5 月 30 日，清廷发布上谕，为这次海防与塞防之争做了结论：一是肯定“海防关系紧要，既为目前当务之急，又属国家久远之图”，并委派李鸿章、沈葆桢分别督办北洋、南洋海防事宜；二是明令左宗棠“通盘筹画，以固塞防”。实际上采取了海防与塞防并重的国防方针。

发生在 19 世纪 70 年代中期的海防与塞防之争，是清政府内部面对新的边疆危机，如何确立新的国防战略的一场争论，它对清季国防战略的形成起到了积极的推动作用。

作者简介

杨东梁，1942 年生，湖南岳阳人。中国人民大学清史研究所教授，博士生导师。主要从事中国近代史研究，撰写《左宗棠评传》、《大清福建海军的创建与覆没》等专著 10 部（部分合著），发表学术论文、文章百余篇。

清宫密档里的中南海

李国荣

明清时期，紫禁城西侧的南海、中海、北海合称三海。当时统称西苑、西海子，也叫太液池。三海作为皇家禁苑，始拓于金、元，是金代离宫万宁宫的所在地，元代营建大都时，划入皇城范围。明代嘉靖、万历年间的大规模土木工程，奠定了三海的基本格局。清代又进行多次增扩改建，其建筑格局一直保留下来。现在中海、南海为我国国家领导人办公、生活的地方，因此习惯上将此区域连称为“中南海”。应该说，在中南海的历史进程中，清代所做的兴修和改建最为重要，整个园林的主要建筑，大多是清乾隆时期完成的。这样，历经明清数百年的递加增饰，中南海成为一座建筑精巧、风景如画的皇家园林。在清朝最盛时，主要景观有百余处之多。这里的一台一阁，一亭一榭，都浸透着中国古典园林的文化精髓，具有极高的艺术价值。因与故宫近在咫尺，中南海不仅是清朝的帝王后妃们怡情赏玩的游宴胜地，也成了清帝举行各种政治活动的重要场所。

作为国家清史工程出版项目，中国第一历史档案馆将清宫所藏中南海档案全面整理、系统出版。这套《清代中南海档案》辑录宫藏秘档3110件，其时间始自顺治八年（1651），直至宣统三年（1911）。全书共分5卷30册，依次为：政务活动卷，帝后生活卷，陈设收藏卷，修建管理卷，君臣诗文卷。这些原本深藏于内府秘阁的珍贵档案，绝大多数是首次公之于众。透过这些翔实可靠的中南海档案，我们可从不同侧面了解到清代中南海的史实与史迹，追忆中南海的往日沧桑。

一、 清朝皇帝在中南海理政的直面写真

从清初开始直到清末，清朝诸帝常常驾临中南海，或宴请赏赐少数民族王公贵族，或观武阅射举行武殿试，或接见各国使臣，并时常驻跸（bì，帝王出行时，开路清道，禁止通行）于此，处理天下政务，接见内外臣工，发布各类谕旨，由此中南海成为与故宫紧紧毗连的又一政治中心。正因如此，清朝许多重大决策和重要事件，在中南海档案中都有直接反映。

康熙重视农业，他特意在南海修建丰泽园，“丰泽”之名的寓意便是与民同耕，共庆丰收。康熙每年都要在丰泽园亲自扶犁耕作，采桑养蚕。而且，据史料记载，就在丰泽园南面的那几亩稻田中，康熙最先发现有的稻谷提早成熟，于是他每年将早熟的稻穗留做种子待来年播种，终于以“一穗传”的育种方法，培育成了新的早熟稻。这种早熟稻很快在民间广泛播种，被称为“御稻米”。

中海高大宏伟的紫光阁，是清朝皇帝举行武殿试的特殊考场。凡遇武科殿试之年，在十月二十日前后，皇帝都要亲临紫光阁大幄，对考生进行马射、步射、开弓、舞刀、掇石等项目的考试，录取的第一名就叫武状元。乾隆以“十全武功”自誉，他将征战准噶尔、大小金川、台湾等各地的功臣们绘制成画像挂在紫光阁，前前后后共有4批280人，以此来表彰他们的功绩。

按照清朝的典制，每年正月，皇帝都要例行赐宴外藩和蒙古

王公。过去多在南海的丰泽园，从乾隆二十六年（1761）以后，就改在紫光阁，直到清末。清朝皇帝在筵宴活动中，专门安排演奏少数民族的乐曲，表演民族舞蹈等节目，用尊重少数民族风俗习惯的办法从感情上笼络人心。同时，也安排外藩王公参观紫光阁悬挂的战图、功臣像、缴获的兵器等等，以此炫耀国威，使他们慑服。

二、后妃们在中南海起居休闲的原始记录

清宫中南海档案相当具体地记录了清朝的帝王后妃们在中南海内的起居休闲生活。这包括日常起居、吟诗作画、服饰穿戴和膳饮用医等各个方面，其中有很多事情颇具情趣。

在电视剧《还珠格格》中，有小燕子大闹宝月楼的故事。真实的宝月楼，在南海的南岸，也就是今天的新华门。据载，乾隆皇帝的后宫中有位新疆维吾尔族女子叫容妃，也就是民间盛传的身上散发香味的香妃。乾隆对香妃倍加宠爱，专门为她建造了宝月楼。而且，在宝月楼的对面还建起了一个回回营，供香妃登楼眺望，以慰思乡之情，因此宝月楼也叫“望乡楼”。

中南海内有火车，这让人听来很新鲜，但这却是真的。光绪十四年（1888），在李鸿章的操办下，西苑内修建了一条专供慈禧乘用的小铁路。保存至今的《北京中海铺修铁路图样》、《北京北海至中海铺修铁路图样》等平面画样显示，西苑铁路南起中海的紫光阁旁，向北经中海北门（福华门），穿入北海的西南门（阳泽门），沿北海西岸向北至极乐世界，再折转向东，终点设在镜清斋（后改名静心斋）。这条小铁路总长约3华里，也被称为紫光阁小铁路。皇家御园的铁路修成后，李鸿章从法国新盛公司订购了一台机车和六节客车。闲暇时，慈禧经常偕同光绪皇帝及

王公近臣乘坐小火车。为显示皇权，慈禧和光绪乘坐的车厢用的是黄绸窗帷，而其他王公外戚乘坐的是红绸和蓝绸窗帷，以示区分。可以想见，从中海的紫光阁到北海的镜清斋这短短的路程，慈禧和光绪坐在小火车上，前呼后拥，是多么的神气和威风，这与平日乘坐的轿子比起来，肯定是别样的感觉。

三、中南海各处楼台殿阁的修建详情

中南海内各处景点修建管理和陈设收藏方面的情况，在清宫档案中也有着十分详细的记录。如紫光阁、勤政殿、仪鸾殿、瀛台、宝月楼、丰泽园等各项修建工程的银两估算和钱粮奏销簿册，承修承做各项工程的具体方案、尺寸清单和活计清册，还有在各处楼阁殿台安放和陈设有关器物的具体谕旨等等。

内务府黄册记载，乾隆二十五年（1760）大规模修缮紫光阁，用了大约一年的时间，共花掉白银65592两。修缮后的紫光阁非常宏伟，共有7间，是两层重檐楼阁，这一格局一直保持到今天。

清末光绪年间，在中海西岸建起了一座特殊的建筑，这个被称为仪鸾殿的宫殿群，便是慈禧太后的寝宫和归政的颐养之所。仪鸾殿的兴建工程从光绪十一年（1885）开始，历经四年，直到光绪十四年（1888）六月，慈禧才正式住进去。内务府保存的《仪鸾殿做法清册》等档案记载，仪鸾殿在施工过程中一直称为两卷殿，因这个宫殿的殿顶呈两卷式，直到工程即将完工时，才正式改称为仪鸾殿。仪鸾殿坐北朝南，面阔五间。东室是慈禧的寝宫，中间用于召见王公大臣，另外还有东、西配殿。据《仪鸾殿陈设账》记载，慈禧的仪鸾殿内陈设着近千件珍宝，其中有玉器、瓷器、玻璃器皿，还有各式各样的钟表和宝石。这些陈设物品有一部分来自大臣的进贡，如袁世凯献给慈禧的一件“四季花镜”，上面除镶有墨绿玉、蓝宝石外，还有珍珠54颗。

光绪二十六年（1900）八国联军侵入北京，中南海成为联军司令部的驻地，联军总司令瓦德西挟名妓赛金花干脆住进了慈禧太后的寝宫——仪鸾殿，达半年之久。不料，1901年4月17日深夜，仪鸾殿突然起火，瓦德西从睡梦中狼狈逃出，而联军参谋长则被活活烧死在殿内。慈禧太后费尽心机，耗资数百万两白银建造的仪鸾殿，仅仅享用12年，就被侵略者掠据践踏，最终在火灾中化为灰烬。

慈禧西逃回京后，下令重修仪鸾殿，清宫珍藏的《重建仪鸾殿设计全图》见证了这段历史。慈禧于光绪三十年（1904）十月二十六日再次移驾仪鸾殿，这一年正逢慈禧七十大寿。光绪三十四年（1908）十月二十一日，年仅38岁的光绪皇帝病死在南海的瀛台涵元殿。第二天，慈禧太后也在中海的仪鸾殿归天了。慈禧修建的仪鸾殿，辛亥革命后改名怀仁堂。

作者简介

李国荣，1961年生，辽宁建平人。1983年中山大学历史系毕业。现为中国第一历史档案馆编研部主任、研究馆员，中国档案学会档案文献编纂学术委员会主任。主要著作有：《帝王与佛教》、《帝王与道教》、《科场与舞弊》、《清朝十大科场案》、《实说雍正》（合著）；主编有：《清宫档案揭秘》、《清代广州十三行纪略》、《帝国商行》、《档案编研论稿》等。

庚子密档中的国耻记录

李国荣

国家清史编纂工程启动后，作为第一批档案史料出版项目，中国第一历史档案馆推出了《庚子事变清宫档案汇编》。这是该馆所藏庚子（清光绪二十六年，公元1900年）年间的密档总集，它翔实而系统地反映了1900年八国联军悍然侵华的全部过程及晚清政府丧权辱国的内中情由。这部18册的档案汇编，辑录清宫档案6600余件，按内容依次分为：八国联军侵华卷、慈禧光绪西逃卷、辛丑条约谈判卷、庚子赔款筹付卷。

清宫所藏有关八国联军侵华档案，是晚清政府在庚子、辛丑（清光绪二十七年，公元1901年）年间的记录，其中有朝廷的旨令，更有臣工的奏折、官衙的咨呈，还有不少统计清单。这些档案，以前没有做过专题整理，现经多年发掘，首次系统公布，其史料价值当是弥足珍贵的。这里，让我们从个案角度来管窥庚子档案背后的国耻记录。

一、关于八国联军对皇宫的劫掠

侵华联军总司令瓦德西曾说："中国此次所受毁损及抢劫之损失，其详数将永远不能查出。"这话反映的当是实情。但我们透过留存下来的清宫档案，仍可了解一二。

档案中有一份记录八国联军在光绪二十六年八月十五日至九月初二日期间陆续进入皇宫大内的清单。其中写道："各国洋人进内日期开后：八月十五日，文廉带日本、俄国30余人；八月十七日，景运门文廉、特登额、全寿带日本、美国20余人……"从这份清单中我们可了解到：第一，在这近50天的时间里，八国联军一直没有停止到大内活动，先后共有27批。第二，闯入紫禁城的洋人，一般每次都是几十人，多的达到千余人，有时甚至连女眷也带了进去。第三，这些进入大清皇宫的洋人的的确确反映出了"联军"的侵略本性，俄、美、日、英、比、法、德等各国均单上有名。这份清单，仅仅是八国联军在不足两个月的时间里进宫情况的记录，至于在联军占据紫禁城一年多的时间里，共有多少列强闯入，就可想而知了。

八国联军在"参观"清宫的过程中没有一个不顺手牵羊的，那么，这帮列强究竟"拿"走了多少珍宝？这恐怕永远是个谜。不过，我们可从一些不完整的档案的不完全记载中窥知大概。清宫内务府总管世续、文廉在事后曾对宫中各处损毁情况做过清查，这里试举几则奏报：

其一，"御茶膳房所存金银器皿，计失去金器68件，银器54件"。其二，"银库，失去金杯3个，托盘8个，银执壶1把，折盂1件，杯盘1份，一两重银锞（kè，小银锭）117个"。其三，瓷库"库门右鱼鳃板下挖成一洞，当即查看，遗失馗（kuí）瓶1座，雍正款瓶40余件。其余各款瓷瓶及各项瓷器，遗失若干，尚未查明"。抱厦库"盘碗等项约失去300余件"。其四，"紫禁城外营造司器皿库、房库、木库、皮库、外库存储物件，以及官三仓、恩丰仓所存米石，官房租库所存银两、钱文，全行遗失无存"。

另外，据内务府奏折，八国联军除劫掠清宫巨量珍玩外，还抢走不少档案秘籍，皇史宬（chéng，皇史宬为明清皇家档案库）的《实录》、《圣训》就被掠走51函235卷。

二、 关于慈禧西逃途中的奢靡生活

光绪二十六年八月十五日凌晨，在八国联军攻打北京的枪炮声中，慈禧太后挟光绪皇帝西逃，开始了一年零四个月的流亡生活。

西逃之初，因是仓皇离京，沿途兵荒马乱，尚无人接应。但到太原、西安后，慈禧太后又过起了“体面”的生活。据档案记载，慈禧太后西逃太原以后的菜谱每天都是百余种，仅是用膳每日就要花掉200多两银子。为满足浩繁开支，慈禧太后在太原以光绪帝名义颁布上谕，“暂行巡幸太原，一切度支，均关紧要”，命令各省将应解京饷钱粮转送太原、西安行在。据档案统计，截止到光绪二十七年二月，各省解往行在的各项银两就达500多万两，粮食近100万石。慈禧太后一行沿途敲诈勒索，致使地方官被迫悬梁、服药自杀的现象时有发生。

慈禧太后回銮时，从西安到北京共设富丽堂皇的行宫37座。在开封逗留的一个月期间，慈禧太后大搞庆寿活动，连演数天大戏，多次举办盛大宴会，仅是宴请群臣的桌椅、餐具和茶具，就花费白银3万多两。所有这些，都有档案清单记载。

三、 关于受惩处的清廷大臣

慈禧太后曾以光绪帝名义发布上谕，说庚子之乱“皆因诸王大臣等纵庇拳匪”所致，将“致祸之由”推脱得一干二净。《辛丑条约》第二款第一项规定，对清朝“首祸诸臣”须严厉惩办。

但究竟是如何惩处的，以往史料往往语焉不详。档案揭示，在列强的步步紧逼下，清政府先后三批惩处“祸首”。

《军机处上谕档》记载，第一批惩处12名大臣。就此，光绪二十六年十二月二十五日、光绪二十七年正月初三日先后两次颁发上谕，主要是处理那些“庇护拳匪”、“纵容围攻使馆”的朝中诸臣。其中，庄亲王载勋，赐令自尽；端郡王载漪、辅国公载澜，流放新疆，永远监禁；吏部尚书刚毅，定为斩立决，因已病故，追夺原官；都察院左都御史英年、刑部尚书赵舒翘，赐令自尽；礼部尚书启秀、刑部左侍郎徐承煜，立即正法；大学士徐桐、前四川总督李秉衡，均为斩监候，因临难自尽，并已革职，撤销一切恤典；另有山西巡抚毓贤，立即正法；甘肃提督董福祥，即行革职。这样，第一批12名“祸首”，有9名死罪（其中6名实际执行），2名流放，1名革职。第二批惩处56名，时间是光绪二十七年三月；第三批惩处50余名，时间是在光绪二十七年七月。第二、三批惩处的百余名官员，主要是地方上对发生排外骚乱和杀害传教士案件“难辞其咎”的知府、知县等官。这些清政府的替罪羊，或被斩杀，或流放边地，最轻的也是“革职监禁”。档案中开列的这一串串遭受灭顶之灾的官员姓名，从一个特殊角度记录了清政府的无能与耻辱。

这里所披陈的仅是就小量档案进行的个案窥视。而在巨量庚子档案的背后，还有多少数不清的百姓辛酸、道不尽的民族苦难呢？

清代农业生态环境和农业经营的新理念

郭松义

清乾隆朝后期，全国人口数达3亿。供养如此众多的人口，需要发展农业生产。而在当时传统农业经营条件下，主要是扩大农业生产地域，向土地、向自然索取就不可避免地对原始生态环境造成破坏。大量的围水造田、毁林垦荒带来的后果就很严重。清代日益增多的围湖围江成田，进山毁林垦荒，以及边疆有增无减的垦殖，确实扩大了耕地面积，使业已呈现的人多地少的矛盾稍得缓释，但同时也付出生态环境日趋恶化的代价，甚至威胁到人们生命财产的安全。

且以长江中游的两湖地区为例。自明中叶起，这里已有“湖广熟，天下足”的美称，及清康雍之际，更被号称为“天下第一出米之区”。然而，这些鱼米之乡多是用围湖、围江得来的大批“垸（yuàn，在湖边淤积的地方做成的圩田）田”作为保障的。特别到乾隆时，围水建垸更达到高潮。然而，当一个个湖泊被蚕食围垦，一处处通江口子被填淤成陆田时，其严重的后果也就呈现出来。有的百姓从水中筑垸为田，“一有漫溢，遂失生计”；有的在滨湖老围外增置新围，“致湖身日狭，储水渐少，当涨发时，即有倒流横溢之患”。于是，对造成淤塞的已垦围田是保还是弃这个现实的问题便横在官府和民众之间。具体地说，对那些倚江傍湖的已辟之地，本已“烟火万家，田畴弥望者”，若因开流导水，不仅使无数良田遭淹，几十万农民失去生计，而且也可能使“湖广熟，天下足”的美名受损，这样的后果是当权者难以承担的。所以只能选择保住已围之田，但“须加谨防护堤塍（chéng，田间的土埂）”，让百姓生活在“壅筑之中”。包括湖南在内的江南诸省也都选择了这种以保求稳的做法。

但是，在生齿日繁的清代，人们是否就只需守住已围垦的垸田，而不再有所作为，使水能有所容？事实上仅此是不行的。眼前利益和生存需求往往把基于长远的理性的一面给掩盖了，以致陷于为保垸而壅筑，再围垸、再壅筑的怪圈，使生态不断趋于恶化。

人们切实感受到由于过度开垦造成环境破坏的苦果。于是，改变昔日的农业生产模式，寻找修复之法，已引起不少有识者的重视，其中最迫切的莫过于垦种农民，他们想在实践中探索不同环境下持续发展的出路。于是，一种新的农业生产经营理念便萌动和发展了起来。具体表现在：

一、倡导挖掘农田自身潜力。早在清初，张履在《补农书》中提出“多种田不如多治地”的道理，就是通过尽力治地，达到不扩大耕田也能增加收益的效果。当时一些官员也有类似的思想。譬如张英在《恒产琐言》中说的“良田不如良佃”，虽是从地主使用佃户的角度出发，却表达了治田对增产的重要性。良佃能及时耕种，用心培壅，蓄泄有方，即使地不加广，亩不加增，也能达到一亩可得两亩之入。这不但使佃有余，地主也可得利。他还说，腴田不善经理，不数年就会变为中田，又数年变而下田，反之亦然。可见田地的肥瘠、产量的高低，与耕种者对田地的态度和耕作方式关系密切。乾隆初任河南巡抚的尹会一在奏疏中，比较南北不同的种植观念后称：“盖南方地窄人稠……力聚而功专，故所获甚厚；北方地土辽阔，农民惟图广种……以多种则多收，不知地多则粪土不能厚壅，而地力薄矣，工作不能偏及而人事疏矣。是以小户自耕己地，种少而常得丰收，佃户受地承耕，种多而收成较薄。”（《齐民四术》第14页，中华书局，2001年）以上说明一个道理：与其广种薄收，不如少种精耕厚获，从而避免了因不断垦辟田土，又不竭力修治，造成地力耗竭，还可能导致生态的恶化。在清代，很多人鼓吹“区种法”，姑且不论其实际效果如何，这也是在人多地少的情况下，希望以此扭转只顾及外延式发展，而不重视农田内在潜力开发所做的一种努力。当然，倡导精耕细作主要着眼于增产，但作为一种耕作思想，它的应用和推广，对抑制单一地以扩大土地面积来实现农业发展的做法，意义深远。

二、改变山区种植方法。在农业垦殖中，对生态影响最大的是山区，因此，确保山区有一个良好的环境，已成为农业活动得以正常运作的重要条件。我国很早已有关于梯田的记载。虽然梯田每层的宽度不大，但都保持了相对的平整。有的还用土或石垒成田埂，遇有霖雨，不致沙石俱下。建造梯田，往往与一定的排灌设施相结合，从而既保持了水土，也便于灌溉，使粮食亩产成倍增长，一举而数得。清代，由于山区开发的地域和速度都远超过前代，所以人们的梯田建设亦称空前。诸如浙、闽、赣、皖、湘、鄂、粤、桂、川、黔、滇等省的许多丘陵山地，凡有条件修建梯田者，几乎都有其踪迹。由沿坡漫种到逐步地改筑梯田，已成为清代农民通过实践改善山区生态最重要的一条经验。

为了合理开发山区、利用山区，时人还总结了一套经验。譬如活跃于嘉道时期的士人包世臣在《齐民四术》中就有系统的论述：先把山自下而上分作七层，凡五层以下皆可开种，做法是先由低层芟烧柴草开始，选择能松土保岁的萝卜种起，来年再种玉黍、稗子，杂以芦稷、粟，土膏较重者可种棉花。两年后再上一层，如此渐行而上，土膏不竭。“且土膏自上而下，至旱不枯，上半不开，泽自皮流，限以下层，润足周到。”对于山地的水利设施，包氏也有叙述：“又度涧壑与所开之层，高下相当，委曲开沟于涧，以石沙截水，渟（tíng，水停滞）满乃听溢出，既便汲用，旱急亦可拦入沟中，展转沾溉也。”他认为开发山区，不一定都种粮、棉、菜，可根据土地实际情况遴选和种植竹木，以获得巨额收入。包世臣的论述具有很高的实践价值。

三、植林护林，打井建渠护沟。生态环境的恶化，主要的问题就是砍伐森林造成植被的破坏，而植被的严重破坏会引发洪水灾害。对此清人亦有所认识。乾隆七年（1742），朝廷便提出禁饬“竭泽焚林，并山泽树蓄一切侵盗等事”，命令各地方官实力奉行，督抚不时稽查。垦山农民则从切身体会中感到养护林木的重要性。它除了能涵蓄水分、固定泥沙外，更有重要的经济价值。乾隆初任贵州巡抚的爱必达作过生动描述：“树三五年即成林，二十年便供斧柯矣，郡内（指黎平府）自清江以下至茅坪二百里，两岸翼云，承日无隙，土无漏阴，栋梁杗桷之材，靡不备具。坎坎之声，铿訇空谷，商贾络绎于道，编巨筏放之大江，转运于江淮间者产于此也。”

林木之利越来越被人们所认识。在山区开发中，已出现了一处处人造林地，实行以农兼林或以林为主的种植方式。清代人造经济林，在浙江、福建、江西、安徽、湖南、贵州等省的山陵地区相当普遍。林业价值的提升，又促使其在种植期间不被破坏，做到砍种相继，生生不息。在民间通过乡规民约，或以官府出示立碑的方式，于南北各地出现了许多护林碑刻。清代护林碑刻就内容而言，分为两种：一是保护风水，维持名胜古迹完整性；再是有关封山育林，严禁乱砍滥伐，预防火灾，使山林植被不遭损坏。这对于制止日渐恶化的生态环境，其作用不可忽视。

清代对灌井堤岸沟渠等水利设施的管理维修，亦较以前尽力。一般由官府监督，地方士绅和农民分别出钱出力，定期修筑，利益共享。在山西、陕西、甘肃、四川等很多地方，对井渠水的使用、水量的分配，也有许多规约，并立石示信。这些方法既保证了那些共有的灌井堤岸沟渠不至于因疏于治理而遭损弃；同时又因协调均平用水，杜绝浪费，使地有所浇，泉源不竭。还有些官府条告和示禁碑，显示在治政中，部分官员已将保护环境列入他们的视野之中。

在清代，由于以扩展土地来增加生产的外延式农业发展模式仍占有重要的位置，所以无法从根本上扭转由此造成的生态恶化的趋势。但应该看到，清人对环境与灾害的认识，以及为制止生态环境恶化所做出的努力，反映了农业经营理念有所改变，但由于历史原因，生态环境恶化的总趋势未能完全扭转。在科学昌明的今天，也可以从中汲取有益的教训和经验。

作者简介

郭松义，1935年生，浙江上虞人。中国社会科学院历史研究所研究员。主要著作有《伦理与生活——清代婚姻关系》、《中国屯垦史》等20余部。

清朝历史上的8级地震

华林甫

中国从古至今发生的8级及其以上特大地震有记载的共有15次（含此次汶川地震），其中发生在清朝的即有8次。这8次地震简况如下。

一、顺治十一年六月初八（1654年7月21日）的秦州地震（34.3°N，105.7°E）。震级：8；震中烈度：11。

清初的秦州（今甘肃天水市）属于陕西，地震发生在州城之南。秦州城垣、宫舍崩塌殆尽，倒塌房屋3672间，震塌窑寨不可胜记；木门里山崩，土陷数百尺，压埋村落近十里，被土覆盖者千家；罗家堡七十峪两山合成一处，壅河成潭（即堰塞湖）；吕家坡苑珠寺倒塌；伏羌山山崩地裂，压塌庐舍。省内40余府州县遭到破坏，波及山西、四川、河南甚至直隶（今河北）90多个府州县，共计压死31000余人。余震持续了一年多。

二、康熙七年六月十七日（1668年7月25日）的山东郯城—莒州地震（35.0°N，118.6°E）。震级：8.5；震中烈度：12。

震中位于郯城、临沂、临沭三县交界处，极震区北至莒州（今莒县）、南至新沂，其中郯城、临沭两县部分地区烈度达12度（最大值）。遭受地震破坏的地区约19万平方公里，震时声若轰雷，大地翻覆，地侧树偃，城郭、公廨、官民庐舍、庙宇等一时尽毁。其中破坏惨重的有郯城、临沂和莒州等地。郯城城楼垛口、村落寺观俱倒塌如平地，地裂泉涌，上喷高达二三丈，李家庄一镇数千家并陷，全县倒塌房屋数十万间。

震中周围50多万平方公里范围内的150多个州县遭受不同程度破坏，共压毙5万多人，波及江苏、安徽、河南、直隶、浙江、江西、盛京、山西、陕西、湖广、福建十余省410多个府州县及朝鲜平安道、平壤、铁山等，有感半径达800多公里，总面积约100万平方公里。

该次地震除破坏严重、波及范围广之外，还具有余震震级高（曾多次发生6.5—7.1级余震），持续时间长（达6年之久）等特点。

三、康熙十八年七月二十八日（1679年9月2日）的直隶三河—平谷地震（40.0°N，117.0°E）。震级：8；震中烈度：11。

这是北京附近发生的最大地震。震中位于今河北省大厂县的夏垫镇。受灾地区以三河、平谷为重，香河、武清、宝坻次之，蓟州、固安又次之。从通州到三河，所有城墙全部倒塌，尸体堆成山丘。

此次地震三河县受灾惨重，震后城墙和房屋存者无多，死亡2677人；地面开裂，黑水带沙涌出；柳河屯、潘各庄一带地面下沉0.7—3.3米不等。当时的三河知县任塾撰写了《地震记》，比较客观、系统地记录了灾情。平谷县房屋、塔庙荡然一空；地裂丈余，田禾皆毁；东山出现山崩，海子庄南山形成锯齿山；县城西北大辛寨村水井变形；整个县境生者仅十之三四。通州城郭村落尽成瓦砾，城楼、仓厂、儒学、文庙、官廨、民房、寺院无一幸存；州城地裂，百姓被压死者一万有余；著名的90余米高的“燃灯塔”被震毁。蓟县、宝坻、武清、固安等县破坏也极其严重。

由于震中距京师仅40公里，故北京损失相当严重，倒塌房屋12793间、损坏18028间，死亡485人。北海白塔遭破坏，翰林院房屋即巍然存者亦瓦木破裂，不可收拾。皇宫（今故宫）有31处宫殿毁坏，其中康熙帝居住的乾清宫宫墙倒塌，皇帝也一度住进了地震棚。

这次地震使40多府州县遭受破坏，波及直隶、山西、河南、山东、陕西、盛京、江南、甘肃、广东等9省，余震持续了9个多月。

四、乾隆三年十一月二十四日（1738年1月3日）的宁夏府地震（38.8°N，106.5°E）。震级：8；震中烈度：10+。

震中位于宁夏府城（今银川市）与平罗县之间，府城和平罗、新渠、宝丰三县及洪广营、平羌堡城垣、庙宇、衙署、仓廒、兵民房屋倒塌无存，压死包括宁夏知府在内的官民5万余人。著名的汉渠、唐徕渠等堤坝被摇塌震裂。满城驻防房室也尽皆坍塌，城垣下陷，城门不能开启。平地裂成大缝，长数十丈不等，宽或数寸或一二尺不等；地中黑水带沙上涌。因损毁太甚，宝丰、新渠二县被废。

此次地震之极震区北达距银川160余里的宝丰县（在今平罗县东北），西至40余里的平羌堡，向东、南亦延至近30里，甘肃、陕西、山西十余府州遭受破坏，波及陕西、甘肃、山西、直隶、河南等省。余震频繁，一直持续到了乾隆五年（1740）十二月。其中，主震发生后50余天的余震，震级在中级以上。频繁的余震为抗震救灾增加了难度。

五、嘉庆十七年正月二十五日（1812年3月8日）的新疆尼勒哈地震（43.8°N，83.4°E）。震级：8；震中烈度：11。

此次地震被称为伊犁地震，发生在伊犁城东南不远处的尼勒哈（今尼勒克县）之东。厄鲁特游牧衮佐特哈、胡吉尔泰、齐木库尔图等处山裂四处，长20—60里不等，宽五六里不等，深达10—20丈不等。因地处西域，人口较稀少，压死蒙古人47名、遣犯11名以及牲畜5000余头。

六、道光十三年七月的西藏聂拉木地震（28.3°N，85.5°E）和云南嵩明杨林地震（25.0°N，103.0°E），两者前后仅差11天，震级均为8级；震中烈度都是≥10。可能是双震。

聂拉木地震致使税卡官邸、百姓住房等遭到破坏，坍塌倾圮无遗。嵩明地震使州城城垣倾塌过半，坍塌瓦草房84000余间，压死6700余口，昆明、呈贡等30余州县遭受破坏。两地的余震都延续到了次年。

七、光绪五年五月十二日（1879年7月1日）的甘肃文县地震（33.0°N，104.7°E）。震级：8；震中烈度：11。

文县、阶州、西固堡等受灾较重，山崩河阻，地裂水涌，所有城堡、庙宇、民房率多倾圮，压死2万余人，伤毙牲畜无数。甘肃西和、礼县、秦州及四川平武、陕西宁羌等41州县遭受破坏，波及甘肃、陕西、四川、山西、河南、湖北、贵州、新疆8个省级政区100多府州县，纵横2000余公里。嗣后，余震不断，至光绪十一年（1885）八月乃止。

八、光绪二十八年七月十九日（1902年8月22日）的新疆阿图什地震（39.9°N，76.2°E）。震级：8；震中烈度：>10。

震中位于今新疆阿图什市北。民房倒塌，城镇毁坏，死者约千余人，附近亚士颠村压死400人，吕宜林死20人。阿图什山错动20米。喀什噶尔城镇毁坏，清真寺局部塌落，香妃墓等古迹遭破坏。英吉沙尔厅、巴楚、阿哈奇等地裂，山区巨石陨落。塔什库尔干、拜城等牲畜圈倒塌。喀什、莎车西等4城余震两年方止。

上述8次发生在清朝的特大地震，破坏性都相当强，当地恢复生产建设经历了很长时间。特别是余震，都或多或少地持续了较长时间，最长的余震延续了6年之久。

清朝以外的8级特大地震，分别是发生在元大德七年（1303）八月初六的中书省赵城（在今山西省洪洞县）地震，明嘉靖三十四年（1556）十二月十二日的陕西华州地震，明万历三十二年（1604）十一月初九的福建泉州近海地震，1920年的宁夏海原地震，1927年的甘肃古浪地震和1950年的西藏察隅地震。这6次特大地震都是余震连连，嘉靖华州地震的余震还一直延续到了万历初年。

以古鉴今，特大地震的余震震中、范围、震级、持续时间都应该引起有关部门足够的重视，广大灾民也应有必要的思想准备。

说明：本文地震参数的震级、震中、震中烈度等数据，依据国家地震局地球物理研究所与复旦大学历史地理研究所主编的《中国历史地震图集》。由于当时各种条件的限制，有关灾害数字的统计，如死亡人数等，不甚精确。

作者简介

华林甫，1965年生于浙江余杭。中国人民大学清史研究所教授、博士生导师。研究方向：历史地理学。出版专著有《中国地名学源流》、《中国地名学史考论》等多部，并发表各类学术论文90余篇。

清代的地震灾害及政府的赈济

赵云田

我国自古以来就是世界上最大的地震区之一，历史上各个朝代都发生过地震，其中清代的地震灾害非常严重，造成重大人员伤亡和财产损失。官方和民间都设有赈灾机构，制定了比较完备的赈灾措施，一定程度上缓解了灾情。

一、 清代的地震灾害

清代处于我国地震的高发期。从地震发生的频率看，从顺治元年（1644）到宣统三年（1911）的268年间，共发生地震500余次，几乎每年发生2次。从地震的强度看，仅道光二十年（1840）到宣统三年的70年间，6级以上的地震就有40多次。从发生地震的范围看，从东北到海南，从台湾到新疆、西藏，除内外蒙古之外，几乎每个省区都发生过地震；河北、山东、四川、陕西等省份地震更为频繁，几乎每隔十几年、几十年就发生一次。从地震造成的破坏程度看，史书记载，地震后不是“坏民舍，压死人畜甚众”，就是“土皆坟起，地裂数尺或盈丈，其气甚热，压毙五万余人”，或是“震毙四百八十人，倾倒民房四千有奇，牲畜无算”，等等。实际上，由于当时种种因素的限制，史书记载过于简略，据有关专家分析，真正因地震而倾倒的房屋、死伤的人畜，起码比史书记载的数字要多15—20倍。

二、清代的社会保障机构

谈到对地震等意外灾害的赈济，首先应当了解清代的一些社会保障机构，其中最主要的是常平仓。常平仓是官办的备荒、救荒机构，各州县从顺治朝中叶起即设立。清政府规定，大的州县额定存粮1万石，中等州县8000石，小州县6000石。一般情况下，常平仓春夏出粜（tiào，卖出）、积银，秋冬籴（dí，买进）还、储谷。鉴于常平仓的重要性，清政府采取藩库拨给（即动用财政经费购买粮食）、按亩摊征（即向民间有地的人摊派征收粮食）、截漕增补（即将缺粮地区运往京师的漕粮截留补充本地的常平仓）、捐纳捐输（即捐助常平仓粮食可以给官职、功名、顶戴）等办法，来保证仓储的充盈。康熙至乾隆时期，全国常平仓储粮达4800余万石，此后储粮有所减少，也基本保持在3300万石左右的水平。

清政府对常平仓有严格的管理制度，因亏空仓粮影响到备荒救荒大事者，要受到严厉处罚，甚至处斩。地震发生后，地方官救济灾民所发放的粮食，绝大部分都来源于常平仓。常平仓主要供给本地赈贷，有时也奉旨出省协济灾区。

除常平仓外，还有社仓、义仓。它们是民办官管的备荒、救荒机构。社仓多设于乡村，主要是出借仓粮，灾年减息，以达到“天下之民相生相养”的救荒目的。社仓仓粮主要靠自愿捐输，所捐数量听民自便，不拘多少，但对捐输者要有所表示。捐10石以上粮食的给象征性的物质奖，30石以上的给匾额，300—400石的给八品顶戴。凡得到匾额的人家永远免除差役。社仓出借仓谷要收息，一般是每石1斗；但遇歉收年则要减免息：小歉收年减半息，大歉收年息全免。义仓多设于市镇，作用与常平仓相同，用于赈粜。出粜时，要发放票据，贫民凭票买米，减价多少，需报官批准。

除粮食外，按清朝制度，在县级以上的地方政府都掌管着数量不等的银钱，其中有的是由中央政府管财政的户部下拨的，有的是地方上交赋税后合理留存的。这些银钱主要用于地方的合理支出。地震发生后，地方官救济灾民所发放的银钱，就来源于各级地方政府的库存。

除官方的社会保障机构外，民间也有一些慈善机构，如普济堂、养济院、育婴堂等。晚清时期，西方来华的传教士也组织有慈善机构。有震灾时，这些民间的慈善机构会向流亡的灾民、孤儿、伤残者提供多种形式的救助。

三、地震后的赈灾措施

顺治年间清政府规定，地震灾害发生后，各级地方官要据实逐级上报，最后由当地总督、巡抚或最高军政长官上奏皇帝。地方官的奏报通过驿路上达京师，使皇帝了解各地的地震灾害，并做出相应的谕示。

清代对地震灾害的救助有固定程序。首先是报灾。灾害发生后，总督、巡抚及道、府、厅、州、县各级地方官要据实逐级上报，作为灾情的原始依据。报灾的期限是灾情发生后的45日以内。其次是勘灾。在报灾的同时，地方官要派人到灾区查勘，在法定的期限内，详细记录受灾的具体情况，包括核实灾民户口、划分灾害等级等，有时还需画图说明。一般情况下，由知府、同知、通判派人会同州县官查勘灾情；灾害严重的地区，总督、巡抚要亲自查勘，核实无误后，再上报清中央政府。

清代救助灾民的方式有如下几种：

首先是赈济，即清政府以钱粮直接救济灾民。这是由地方官按照清中央政府规定具体执行的。地震发生后，除老百姓房倒屋塌、人畜伤亡外，常伴有大规模的公共设施损坏，如城垣、桥梁、仓廒、监狱、衙署、学校、祠堂等损毁、坍塌。此外，地震后衣食无靠的灾民为了生存，有的四出乞讨，成为流民，有的扒抢铺面，这些都严重影响了社会秩序的稳定。因此，尽快解决灾民的食、住问题，就成为抗震救灾的首要任务。一般情况是，对于地震中遇难的百姓，政府要给掩埋银两；对于灾民，要给席片，令其搭盖简易棚居住；要给粮食，散给乞食百姓，使其不致受饿；要给医药，救治受伤者。清初没有统一的抚恤标准，直到乾隆四十一年（1776），才有了统一的规定：坍塌房屋，瓦房每间赈银 1 两 5 钱左右，草房每间赈银 8 钱左右。死亡人口，大人赈银 1 两左右，小孩减半。救助钱粮额度一般是大人日给米 5 合，小孩减半。米谷不足银米兼给，折银比例是 1 石米折银 1 两至 1 两 2 钱。在后来执行这一规定的过程中，不同地区、不同情况，抚恤标准也不完全相同。

赈济有“正赈”、“大赈”、“展赈”之分。地震灾害发生后，不论受灾者成灾是什么等级，损失多少，一律赈济 1 个月，称为“正赈”，也称“急赈”或“普赈”。这是为了尽快稳定灾区的社会秩序，也为以后的赈灾工作打好基础，因而带有紧急性、普遍性。勘灾以后，受灾六分、极贫者加赈 1 个月；受灾七八分、极贫者加赈 2 个月；受灾九分、极贫者加赈 3 个月；受灾十分、极贫者加赈 4 个月，称“大赈”。如果连年受灾，或受灾严重，将极贫者加赈五六个月至七八个月，直到延至次年继续放赈，称为“展赈”。

除上述赈济政策外，还有“摘赈”、“煮赈”、“工赈”等。“摘赈”是在灾民中挑选情况特殊的人给予的赈济，多为重灾户及老弱孤寡情状悲惨、停赈后难以生存者。“煮赈”即“赈粥”，设粥厂施粥，是在未赈之前的一种应急措施。“工赈”即以工代赈，或以工助赈。政府在赈济灾民的同时招募灾民，兴修工程，包括修筑在地震中损坏的公共设施等，每日发放钱粮以自救。

蠲缓是清政府对地震灾害救助的另一种主要方式，即蠲免或缓征灾区应纳的赋税钱粮。蠲免数量初无定制，雍正年间始有规定：受灾十分者，免十分之七；受灾九分者，免十分之六；受灾八分者，免十分之四；受灾七分者，免十分之二；受灾六分者，免十分之一。缓征，是指对灾区成熟地亩银粮当年不征，缓至次年，或分作两年、三年带征。

对于蠲缓的对象和数量，地方官要大张告示，遍行晓谕，并刊刻免单，填写清楚，交灾户收执，还要有当地里、保长的证明。如果地方官不发灾户免单，或不实事求是，要按清朝法律有关规定惩办。

最后应当指出的是，清政府对地震等意外灾害虽然有相应的赈济措施，但是在封建政体之下，滋生了许多难以解决的流弊，从而影响了赈灾的效果。

清中叶五省白莲教起义及其社会后果

秦宝琦

白莲教是一个带有宗教性的民间秘密结社，其渊源可以追溯到南宋茅子元创立的佛教异端教派“白莲宗”。经过元末农民大起义的洗礼，白莲宗同其他佛教的异端教派如香会、弥勒教等相互融合，最终形成“白莲教”。明代中叶，各种名目的宗教性秘密结社更是层出不穷，被官府通称为“白莲教”。

白莲教等宗教结社组织虽然名目繁多，但都以“真空家乡，无生老母”为八字真诀。其主要教义是宣扬“天盘三副”说，亦即“两宗三际”之说。“两宗”指世界上存在着明、暗两种相互斗争的势力；“三际”指青阳（过去）、红阳（现在）和白阳（未来）三个时期。他们宣传说：“无生老母”在这三个时期分别派燃灯佛、释迦佛和弥勒佛来统治人类世界。在“红阳”时期，黑暗势力占据上风，形成“大患”，招致“恐怖大劫”即“白阳劫”的来临，弥勒佛随之降生，领导人们驱走黑暗，赢得光明，并在人间建立一个无比美好的“白阳世界”。而降生尘世的弥勒佛便是他们的教主。所以要起来造反，推翻现存的世俗政权，建立一个以其教主为首的神权王国。明清时期各种秘密结社正是在这些宗教说教的鼓动下起来造反的。

清乾隆中叶以降，人口迅猛增加，人多地少的矛盾更加突出，南方各省无地、少地的农民，便大量向陕西南部至湖北西北的南山和陕西、四川、湖北交界的巴山老林地区移民。但老林地区的土地早已被当地的地主富户所霸占，新移民只能租佃他们的土地，缴纳高额的地租，同时还要受商人、高利贷者的盘剥。移民们本来把老林地区视为乐土，结果刚逃出狼窝，却又落入虎口。幻想破灭的人们迫切需要一种精神上的慰藉。白莲教（实为混元教与收元教）便乘时在移民中传播，除了宣扬“天盘三副”的说教外，又增加了许多世俗内容，如：习其教者，患难相救；赀财均分；穿衣吃饭，不分你我。这些说教对于穷苦移民有着巨大的吸引力，因而使白莲教迅速传播开来，成为一股强大的社会势力。一些教首便借机进而提出，如今已经是“末劫年”，应该“换乾坤，换世界”，鼓动信众起来造反。甚至还提出带有“反清复明”含义的“弥勒佛降生”保辅“牛八”（“牛”与“八”合为“朱”字）。白莲教的活动给乾隆皇帝以强烈的震撼，他遂下令对教门首领进行搜捕。

清朝当局在大规模搜捕白莲教的过程中，各地官吏趁机对百姓敲诈勒索，中饱私囊。他们“竟以查拿邪教为名，四处搜求，任听胥吏多方勒索。不论习教不习教，但论给钱不给钱”（《清仁宗实录》卷七十二，嘉庆五年八月乙丑）。有的在搜捕教徒时竟对无辜滥施重刑，对习教者无端诈索，以致“民怨沸腾”。于是，白莲教在“官逼民反”的口号下，掀起了大规模反抗活动。

乾隆五十九年（1794）四月，湖北“西天大乘教”（收元教的一支）的教首们首先商定于“辰年辰月辰日”即嘉庆元年（1796）三月初十，在各地同时举义。各地教徒响应号召，进行起义准备。湖北宜都的首领张正谟等，于嘉庆元年正月初八，从长阳带领几百名教徒来到枝江，安置在首领聂杰人家中。其活动很快被官府侦知，便到聂杰人处查拿，张正谟等率众拒捕，起义就此爆发。

枝江、宜都起义打响后，湖北各地白莲教徒们纷纷起而响应。但是各支起义军之间，缺乏统一领导，各自为战。在战略上又被动地据守县城或山寨，消极防御，因而使清廷得以从容地调兵遣将，对各地起义军采取各个击破的策略。结果，湖北的各支起义军，在不长的时间内，大部分便相继失败了。只有以王聪儿、姚之富为首的襄阳起义军，突破清军包围，由湖北转战四川、陕西、甘肃等省，但他们也很快被清军消灭。

嘉庆元年九月以后，四川、陕西等地的白莲教徒也纷纷响应湖北教徒的起义。白莲教的首领每到一地，便把青壮年强行编入壮大队伍，并收走粮食、马匹。他们在行军中可以轻装前进，行动灵活。而追逐他们的清军，却携带大批粮食、装备，行动迟缓。加上清军将领利用打仗"坐靡军饷，以败冒胜"，或故意避战，所以，在战争初期，白莲教的队伍往往占有优势。

嘉庆四年（1799）初，太上皇乾隆去世，嘉庆皇帝掌握了帝国的实权，对各种弊端着手进行整顿：首先，罢黜了权臣和珅，并铲除了他的党羽，从而改变了以往镇压白莲教起义的军务皆由和珅及其亲信调度指挥的状况；其次，撤换了一批无能的将领，惩办了一些贪官污吏；其三，在军事上推行"坚壁清野"、"寨堡团练"和"剿抚兼施"的策略；其四，出台"不论教不教，但论匪不匪"的区别对待政策。清廷实行的这些政策措施，使白莲教队伍陷入了极大的困难之中，他们在行军途中无人可裹，无粮可掠，使战况发生逆转。

白莲教的队伍得不到粮食和兵源，力量逐渐削弱，只得退缩在南巴老林之中。嘉庆六年（1801）以后，各股起义军处境更加艰难。军事上也接连受挫，许多重要将领或被俘或牺牲，受到清军的追击，又遭到沿途寨堡的阻遏，只得转入巴山老林的深处。

清廷“不论教不教，但论匪不匪”策略，对白莲教队伍起到了分化瓦解的作用；未参加者不再加入起义队伍，已经参加起义者又纷纷接受招抚，白莲教队伍的实力大为削弱。嘉庆七年（1802）以后，只剩下一些小股的队伍，在老林中继续同清军周旋。九年（1804），最后两位白莲教的将领苟文润、苟朝九牺牲，川楚陕白莲教起义终于被平息。

清中叶的川楚陕白莲教起义，是清代前期历史上规模最大、历时最久的一次农民起义，波及川、楚、陕、豫、甘五省，历时9年。这场大起义的基本群众是老林地区的贫苦农民，他们不堪忍受封建统治阶级的压迫剥削，起而反抗，幻想建立神权的王国，过着有衣穿有饭吃的平等生活。这既反映了起义爆发的社会原因，也表达了广大农民合理的生存愿望。诚如以往论者所强调的，起义在政治上给清朝统治者以沉重打击，但仍以其失败告终。历史再次说明：以带宗教性秘密结社形式组织发动的农民起义，不可能真正实现“换乾坤、换世界”，摆脱封建统治，使农民脱离穷困。这不仅是白莲教等宗教秘密结社的结局，也是封建社会农民的悲剧。

然而，在说明白莲教起义对打击清朝封建统治作用的时候，也不可忽视它所造成的社会后果。清廷为了镇压这次起义，调集了16个省的兵力，耗费了2亿两军费，这个数字相当于当时清政府4年的全部财政收入。白莲教起义与镇压起义的过程中，交战双方死伤的人数众多，而伤亡者多是平民百姓，他们在这场战争中遭受的损失是惨重的。至于战争所造成的间接损失，更难以计算。因为白莲教起义波及的五省区，在当时乃是中原富庶地区，这些地方经过战争的破坏，特别是人口大量减少，农业和手工业均遭到严重损失。清帝国的人力、财力、物力被战争所消耗，军事力量被严重削弱。经过这场动乱，大清帝国便开始从

“康乾盛世”转向衰落。历史学家把这场战争作为清帝国由盛转衰的标志，是不无道理的。历史的教训值得研究和重视。

作者简介

秦宝琦，1936年生于辽宁新民。中国人民大学清史研究所教授、博士研究生导师，兼任中国社会史学会常务理事、北京市历史学会理事等。长期从事中国古代史、清史的教学和研究工作。主要著述有《清前期天地会研究》、《洪门真史》、《中国秘密社会新论》等多部；合著有：《天地会的源流》（英文版）、《十八世纪中国与世界》（社会卷）、《中国秘密社会》（总论卷）；主编清史资料丛刊《天地会》（1—7）、《清代前期苗民起义档案史料汇编》（三册）；发表相关学术论文60余篇。

“闯关东”：清代以来的东北移民

刘 平 杨 颖

关东，泛指今天的辽宁、吉林、黑龙江三省及内蒙古东部构成的东北地区，明朝称“辽东”。清人入关后，这一地区被称为“关东”——因位于山海关以东，故名。以山海关为界，又有关里、关外之别。“闯关东”是一种约定俗成的说法，指的是清朝、尤其是清末至新中国成立时期关内汉人向东北的移民运动。“闯关东”的形成有其特定的历史背景。“闯”，说明向关外移民在很长一段时期内属于越轨犯禁的非法行为；而且，因为尚待开发，“关东”的自然和社会条件也比较恶劣，进入的过程实际上是一种冒险行为。东北地区逐渐开禁后，移民关外变得合法，但“闯关东”一词却被沿用下来，成为17至20世纪中国内地向东北移民运动的代名词。

从历史上看，内地向东北移民由来已久。从两汉开始，北方每遇战乱，便有百姓迁往东北避难。在清中期之前，因盛京（今辽宁沈阳）系龙兴之地，故清廷对东北地区长期实行封禁政策，“闯关东”没有形成规模。到了19世纪60年代，清廷在东北部分地区开禁，于是山东、直隶（今河北）等地人民纷纷“闯关东”，民国时期形成大规模的“闯关东”浪潮。到新中国成立前后，东北的移民及其衍生人口已由明末的300万人增加到3000万人。纵观“闯关东”的历史，其移民历时之长，人数之众，在世界移民史上也属罕见。

“闯关东”的几个阶段

“闯关东”的发生有移民自发的主观因素，也有当时的政治、经济因素的影响。根据清朝至民国年间不同时期的不同政策，以及移民的多寡，“闯关东”的历史过程大体经历了“招垦”—“封禁”—“局部开禁”—“全面开发”几个时期。

1. 从招垦到封禁（1651—1860）

清朝初年，由于明清王朝更替而发生的战乱等原因，东北地方经济遭到很大破坏，人口损失严重。为恢复东北经济，清廷于顺治初年颁布一系列条件优厚的招垦令，大量汉人应召前往。一时间，“直（直隶）鲁豫晋之人，来者日众”。但这种情形很快引起清廷恐慌，害怕关内汉人的大量迁入会损害满人利益，破坏满人风俗，尤其是有害于“龙兴之地”。故从顺治年间开始，至康熙中期，清廷沿辽河等地筑起一道壕沟，沟上植柳，或筑土为堤，堤上种柳，即“柳条边”，又叫“边墙”，择地设立关卡，查禁犯规之人。康熙七年（1668），清廷废招垦令，正式推行封禁政策。所谓“封禁”，就是禁止边民越过边墙打猎、采参、放牧、耕种。康熙九年到二十年（1670—1681），清廷又构筑威远堡至吉林北边法特哈的“新边”。

尽管有“边墙”的阻隔与律法的惩处，大量流民仍然设法冲破封禁，进入东北地区谋生。据光绪《吉林通志》记载，乾隆五十四年（1789），三姓地区（今黑龙江依兰）一次就驱逐流民61户，303人。然而，到嘉庆中期，吉林府每查一次，辄增出流民数千户，“边墙”形同虚设。乾嘉之交，直隶、山东等省遭遇严重旱灾，大批灾民背井离乡，或泛海辽东，或陆行辽西，涌向关东谋生。清廷为稳定政局，不得不一度放松禁令，允许灾民出关谋生。

另外必须注意的是，清前期的东北也是内地“罪人”的流放地，这些人发配至此，当兵为奴，被称为“流人”；而一般“闯关东”者，则被称作“流民”。

2. 从局部开禁到全面开禁（1860—1904）

咸丰、同治年间，战乱和灾荒使山东、直隶等省农民挣扎在死亡线上，他们为了求生存，大批涌入东北谋生，其势如潮水漫涌，强烈冲击着清廷对东北的封禁政策。另一方面，列强通过不平等条约叩开了东北的大门，沙俄更是不断侵扰北部边疆，东北防务吃紧，而人丁不足，又加剧了这一情形。凡此种种，均要求清政府改弦更张。咸丰十年（1860），黑龙江将军特普钦数度奏请“解禁”，清廷宣布“移民实边”。自此，东北局部开禁，首先在奉天开放官荒、牧场。近200年的封禁，渐趋瓦解。

这一时期清廷对东北开禁的态度是犹豫不决的。同治二年（1863），有官员奏请清廷开放奉天官荒马场，清廷饬副都统恩合查复此事，后将大凌河以东牧场全部放垦，以西牧场则封禁如故。光绪十年（1884）、十三年（1887），清廷曾两次下令永远封禁黑龙江。

光绪二十一年（1895），清军在甲午战争中遭到惨败，东北面临空前危险，促使清廷改变立场，发布一系列招民实边的谕旨，以实际行动宣告全面开禁。光绪三十年（1904），日俄战争在东北爆发，黑龙江将军达桂、齐齐哈尔副都统程德全奏请全体开放，旗、民兼垦，并对垦民加倍奖赏。实施数百年的封禁政策至此结束，向东北移民进入一个新的时期。

3. 大规模开发时期（1904年以后）

1904年以后，关内移民东北的浪潮持续高涨。20世纪20年代末、40年代初，形成移民东北的高潮。其中，山东半岛与辽东半岛隔海相望，而山东人口压力最大，山东人成为“闯关东”的主力。据张善余《中国人口地理》统计，民国38年间，山东平均每年有48万人闯关东，总数超过1830万，留住的山东人达792万。九一八事变后，日本专门设立掠夺华北劳工的机构——“满洲劳工协会”。该机构仅在1939年到1941年间，就从山东、河北等地抓捕400万人赴东北做劳工，这又是一种变相的“闯关东”。

新中国成立之初，山东因为人口压力，移民东北的惯性仍然在进行着。20世纪60年代，“进军北大荒”成为新一波、也是最后一波移民东北浪潮。

到东北的移民一般分为两种，即季节性移民与永久性移民。季节性移民春去冬回，年复一年，渐渐地，有人开始安家落户，变为永久性移民。早期以季节性移民为多，清末以后，永久性移民逐年增加。

“闯关东”的影响

大量人口迁入，使东北的社会和经济面貌发生了重要变化。没有广大移民披荆斩棘、含辛茹苦的艰难创业，就没有东北由荒凉沉寂到后来人烟稠密、经济发展局面的形成。

封禁时代的东北，“极边寒苦”，风貌原始，生产落后。移民们通过种种形式的垦荒，使生产力水平得到提高，生产关系也有所变化。在清代，移民垦种的荒地主要分为旗地、官荒和蒙荒三种。移民初至，大多一贫如洗，往往被旗人雇为佣工，小有积蓄之后，开始向旗人佃种地亩，随后便借旗田之名额外开荒。旗人为了获利，开始出租典卖旗地，原先的农奴依附关系逐渐瓦解，旗地制开始向封建租佃制转变。此外，由移民带来的先进农业生产技术，使粮食产量不断提高，至清末，所产粮食除东北自给和消费外，还大量销往关内。

移民的进入，也使东北各地大小城镇迅速发展。满人入关后，清廷对商人出关贸易未加禁阻，出关经商者日众，但是那时的商贾大多为行商。后来，在移民浪潮影响下，关内商人日渐增多并定居下来。商业兴旺，带动了大小城镇的迅速出现。晚清以后，东北开始出现中国的工业重镇，其中，路矿业还走到了全国的前列。

简而言之，“闯关东”影响深远。上千万移民的到来，为东北经济发展提供了充足的劳动力，带来了先进的生产技术，繁荣了城乡市场。在社会文化领域，大量移民进入东北，加速了民族融合，有助于提高人口素质，形成新的地方文化。在抵抗外国侵略的斗争中，移民也作出了巨大贡献。时至今日，进取、拼搏、勤劳勇敢、艰苦奋斗的“闯关东”精神，不但是千百万移民的人生写照，也是我们今日积极进取、团结奋斗、振兴东北的精神财富。

作者简介

刘平，1962 年生于江苏苏州。山东大学历史文化学院教授、博士生导师。主要研究领域：中国近现代社会史、中国秘密社会史、民间信仰与民间文化等。出版专著有《文化与叛乱——以清代秘密社会为视角》、《中国民俗通志·江湖志》、《被遗忘的战争——咸丰同治年间关东土客大械斗研究》等多部。

杨颖，1982 年生于吉林白山。山东大学历史学硕士。

星期日公休制度的实行

闵 杰

星期日放假公休原本只是西方的作息制度，清代晚期传入中国后，逐渐被国人接受，产生了“星期”这个新的时间观念，并在星期日放假公休。从此中国人的日常生活节奏变得规律化，定格为今天的以七天为一个单元的生活和工作周期。

中国以农立国，最重历法，自古就有一套完整的历法体系。从春秋战国直至19世纪末，一直实行混合太阳、太阴的四分历，俗称夏历或农历，它是中国政治与文化的表征，即历史上的所谓“正朔”。这种历法，仅有年、月、日的时间概念，没有星期。在中国传统社会中，最初以昼夜更替、季节变换安排作息，后来以岁令、年节调节劳逸，其中较有规律的短期休息制度是放旬假，即每十天为一个休假日，但并不普遍实行。在与西方人接触之前，中国人不知星期为何物。

以七天为一星期的七曜（yào）记日法（旧时以日、月、火、水、木、金、土合称七曜），源于古代犹太人。唐代，七曜历传入，但未对社会生活产生影响。直到清代，情况才发生改变。1807年，英国基督教传教士马礼逊来华传布新教，同他的中国教徒们一起，在礼拜日进行传道祈祷，这是中国人对西方的星期日（当时多被称为“礼拜日”）休沐制度最初的认识。鸦片战争后，西方人大量进入并长期在中国生活和工作，他们按照本国习俗，在星期天休息娱乐，中国人始而好奇，后逐渐认同。1872 年 6 月 13 日，上海《申报》发表社论称：西洋各国的星期日休息制度，于人生有益，中国应该仿行。1875 年出版的早期维新思想家王韬的《瀛壖杂志》（壖，ruán，城郭、宫殿旁的空地），1876 年上海文人葛元煦撰写的《沪游杂记》等著作，都介绍了寓居上海的西方人士在星期六过周末的热闹场景。对于西方传来的良风美俗，经常接触就会产生认同心理，但改变自己的习俗还困难重重。当时，中国人只是从教会、洋行等外国在华机构的作息制度及外侨的日常生活中，知道星期天为国家规定的公休日，但是没有人出面倡导推行，星期日对民众的影响主要还停留在认识阶段。

到了 19 世纪 80 年代，星期日休息制度从个别新式学堂开始，浸入中国古老的休假制度。这一制度的较早实行者是福州船政学堂，一所洋务运动中设立的著名学校。该校为了照顾外国教习的生活习惯，给部分师生放假过星期天。1882 年船政学堂规定，在洋教习任教的一班，学生随同教习星期天休息，其余由中国教习任教的三个班，星期天不休息。同校而不同制，显然有校方的顾虑，避免被指责全校通行西俗，但毕竟体现了先行者的勇气。

1895 开始的戊戌维新是一场政治改革运动，也是一场自觉革新的社会风俗改良运动。对西学的推崇，使试行星期日休息制度被提上了日程。

戊戌维新时期，大批新建立的新式学堂，在其制定的本学堂章程中大都明确规定了全校师生星期天休息的制度。当时还很少有“星期日”这个称呼，通常以房、虚、昴（mǎo）、星四字代替，这是根据中国的二十八宿值日法推算而出，以后的“星期日”名词即来源于此。1897 年创办的江宁江南储材学堂规定：“每逢房、虚、昴、星日，照西例休息。”同年，浙江求是书院

（今浙江大学前身）也定此规。宁波中西学堂校方规定："凡遇礼拜日，则停止讲读。"但并非所有新式学堂都实行了星期日放假制度，这取决于学校当局的态度。武昌两湖书院是张之洞创办的一所著名的中西并重的学堂，张之洞喜谈新学，却深恶西俗。故戊戌维新时期，两湖书院仍旧例，"十日放旬假一日"。

当时，维新派创立的社会团体大多实行星期日聚会或休息制度。1898年1月在京师创立的关西学会，其会章规定"每一星期聚会一次"。同年初创立的长沙南学会规定：会员每月四次聚会，请人讲论时务。时间安排为"房、虚、昴、星之日"。湖南的延年会，是一个以改革旧风俗为宗旨的社团，其会员每逢"房、虚、昴、星日为休息日。遇休息日，可请客，可游行"。法律学会也规定"以房、虚、昴、星日为休息日"。此外，当时的一些报纸，也采取星期日休息制度。维新志士唐才常、谭嗣同创办的《湘报》，每逢星期日，停止出报一期。

经过多年的潜移默化，又经过戊戌维新风气的鼓荡，以星期为时间周期的观念在19世纪与20世纪之交已被中国社会所接受。报刊广告与民众生活接触最直接。过去，报刊登载演出广告，开演时间往往使用农历，这时开始使用星期。1899年11月22日《中外日报》报道欧洲某魔术团在上海演出，广告刊登的开演日期为"礼拜二"。1900年3月10日该报刊登法国某戏班演出广告，标注其开演时间为"礼拜三、礼拜四、礼拜五、礼拜六，即西历本月七号、八号、九号、十号"。同年5月13日，该报报道美国华伦马戏团在沪演出备受欢迎，应观众要求，"在上海再演三礼拜"（即加演三个星期）。1902年5月24日该报刊登英国自行车表演广告，其开演时间"择于五月二十五日礼拜准演"（即星期天）。同年6月8日，该报刊登英国德必士戏班演出广告，开演时间为"华五月初三日礼拜日下午三点开演"。当时不少外国来华戏班的短期演出，常安排在星期六和星期日，因为上海等地市民的生活节奏已将星期六晚上和星期日视为休闲时间。

由于社会的认同，鉴于教育部门的特殊需要，1902 年 8 月 15 日清政府颁布的《钦定中学堂章程》、《钦定高等学堂章程》，首次由政府出面，规定全国中等、高等学堂一律实行星期日休息制度。从 1906 年起，清政府中央各部也相继在星期日放假公休，率先实行的是一些新设立的中央机构，如主管教育的学部（即教育部）、主管经济的农工商部、主管外交的外务部等。1907 年秋，陆军部也开始休星期日。1911 年夏，最守旧的吏部与礼部，也跟随潮流，实行了星期日公休制度。至此，清政府中央机构已一律实行了星期天公休制度。地方机构也闻风而动。在司法系统，1907 年天津审判厅已实行星期日休息制度。1908 年各地普设地方自治机构，成都自治局的办公条例规定："年节照例放假……星期休息。"

星期日休息制度甚至进入了皇宫。1909 年三岁的溥仪登基，改元宣统。1911 年 7 月，在毓庆宫为其举行隆重的典学仪式，由陆润庠、陈宝琛等人授读。帝师们为一事颇费踌躇，如果在星期日给小皇帝放假，有违祖制；不放假，则不合时宜，为此上报皇室裁决。皇室决定不拘泥祖制而迎合潮流，皇太后在与摄政王载沣商量后下懿旨："皇上尚在冲龄，未便过于勤学，所请星期休息之处，著照所请，该大臣知道。"

在清末最后几年间，星期已经约定俗成地成为都市生活的一种新的时间概念。当时，公共文化娱乐设施如公园、动物园、图书馆、博物馆等均以星期为固定的时间单位来安排对公众的开放日程。此时，对星期的称呼也已较为规范。最早的时候称星期为礼拜，称星期天为房日、虚日、昴日、星日，1906 年起，正式场合较多使用"星期"一词，民间口头语多用"礼拜"一词。中国在正式用语中明确规定使用“星期”而不用“礼拜”，始于1907年清帝批准的一份奏折。当时，关于全国学堂是实行星期日休假还是放传统的旬假，产生了争论。侍读周爰诹（yuán zōu）奏请整顿学务，以塞“新学流弊”，他的重要理由是：星期日放假是以“西法变中俗”，应予以取消。清最高权力机构之一的会议政务处在议复此奏时，坚持星期日公休为世界通例，中国不能独异；同时在名称上规定只能称“星期”，不能称“礼拜”。

由此可知，每七天休息一天的作息制度，之所以采用“星期”这一名词，与中历每月房、虚、昴、星四星值宿之期有关，以此创造了“星期”和“星期日”这些新名词，而拒绝使用民间已经习用的“礼拜”或“礼拜日”，是为了避免基督教影响中国，防止西方人以夷变夏。

作者简介

闵杰，1949年生，黑龙江省齐齐哈尔市人。中国社会科学院近代史研究所研究员。著有《近代中国社会文化变迁录》第2卷。论文《戊戌学会考》，获中国史学会第一届优秀论文奖，《论清末彩票》获中国社会科学院科研成果三等奖。

晚清义赈的历史作用与意义

朱　浒

作为世界上仅有的两个被称为“饥荒之国度”的国家之一（另一个是印度），中国的赈灾体系发轫于先秦，并在随后的两千多年中不断发展和完善。

大体上，这个体系的实践主体有两个部分，其一为国家，其二为民间社会。不过，在漫长的历史时期中，国家主导的、以官赈为核心的荒政体制得到了更充分的发展，也始终在整个赈灾体系中占据着独尊地位。而民间社会发起的赈灾活动，长期只能从属于国家荒政，并且力量十分微弱。直到晚清义赈活动兴起以后，才打破了荒政的垄断格局，使中国赈灾体系出现了重大变动。

明清以前，民间人士主要通过对政府组织的赈灾行动提供物力和财力上的报效或捐纳，来参与赈灾活动。在政府体制外自行赈灾的举动，多属个人或宗族内部的善行或义举。大约从明朝中后期开始，随着士绅阶层在中国社会中的壮大和分化，才开始在江南等局部地区出现了由地方士绅自主开办的赈灾行动。然而随着明清鼎革后的新一轮中央集权建设，民间赈灾力量却出现了极大的萎缩，基本上回到了明中后期以前的水平。

迄至嘉庆、道光年间，在经济发展水平较高的江南、岭南等地，由民间组织的赈灾活动又日趋活跃，民间组织也在各地的防灾救荒过程中担负起愈益重要的责任。但是，这一时期的民间赈灾活动仍不足以动摇官赈的地位。这是因为，这些活动基本上限于地方人士对本籍乡土的救济，规模和区域都十分有限，而且是在官方的整体调配下才得以举行的。

但也正是在嘉道时期，“义赈”开始成为赈灾活动中常用的专有名词。本来，“义赈”之名早在康熙年间就已出现，在雍正和乾隆年间亦有发现，但当时的含义十分宽泛和模糊，因为民间向国家的赈捐也往往被称为“义赈”。直到嘉道年间，才开始有意识地把“义赈”视为一种独立的赈济形式。但这一时期义赈活动并无多大的自主性，因为其资源虽然完全来自民间社会，但其办理形式却是“民捐官办”，或者“官督民办”，并且始终只能在官方划定的、狭窄的地方社会范围内举行。

晚清义赈活动具有鲜明的特点。首先，晚清义赈是一种实现了较大社会化的赈灾机制。正如著名义赈主持人之一经元善所说的那样，此种义赈乃是“民捐民办，原不必受制于官吏，而听其指挥”。同时这种“民捐民办”的具体内容是由民间自行组织劝赈、自行募集经费，并自行向灾民直接散发救灾物资。再次，晚清义赈活动的规模和影响也远远超越了先前的民间赈灾活动。其最重要的一个表现就是，晚清义赈彻底打破了地方社会的空间限制，自主决定开办行动的规模和范围。正因如此，连时人都对晚清义赈的新兴性质有着明确认识，称赞晚清义赈为“创千古未开之义举，为从来未有之经纶”。

晚清义赈活动兴起于光绪初年。从1876年起，清代历史上最严重的旱灾——“丁戊奇荒”在华北爆发，清王朝“竭天下之财”而“拯救不过十二三”。江南地区虽未受到灾荒打击，但是苏北一带遭灾难民纷纷南下，对江南社会造成了很大压力。为减轻外来灾民潮，维护本地社会秩序，常州绅士李金镛决定深入苏北赈灾。在寓居上海的著名绅商胡光墉和轮船招商局总办唐廷枢、协办徐润等人的帮助下，他募集赈款十余万两，于1876年底率赈友十余人奔赴灾区，遂开晚清义赈之先声。李金镛入手即破官赈历来之程序，不用本地董保造具册籍，亦不假手本地人士查户放赈，而是与同行赈友数人分头下乡，随查随放，一乡查竣，立即施赈，手续既便且速。后来，李金镛又将此次行动中形成的查赈方法进一步完善，制定《海州查赈章程》，公之于众，从此奠定了晚清义赈活动的基本准则。

在苏北赈灾行将结束之际，江南绅商对华北灾情有了进一步的了解，遂决定扩大对华北灾区的赈济行动。在苏州绅士谢家福、上海绅商经元善、扬州绅士严作霖、寓沪粤商郑观应等人的领导下，江南许多地方都建立了助赈组织，呼吁民众捐资助赈。一时间，各界人士踊跃助赈，蔚然成风。此次以东南绅商为主体的义赈活动，历时四年有余，直到1881年初方告结束。“居者运筹帷幄，苦心孤诣，行者跋涉数千里，不惮寒暑疫疠”，总共募集并散放赈银一百多万两，历赈苏北、山东、河南、山西、直隶共六十余州县，全活“百十万之命”，可谓千古未有之义举。如此长时期、远距离、大规模的民间赈灾行动，是中国赈灾史上的第一次，它不仅改变了自古以来官赈一统天下的局面，也为百弊丛生的传统救荒体制带来了新鲜气息，使中国的赈灾事业进入新的阶段。

由于“丁戊奇荒”期间的成绩，晚清义赈活动赢得了广泛的注意和信任。此后，随着灾荒的频繁发生，义赈活动也不断举办，迅速发展为一种具有广泛社会影响和强大活动能力的赈灾机制。由于每年都有发生严重灾害的地区，义赈活动也就无岁不举。到19世纪90年代初，正如经元善所说，当时已是“海内成为风气，一若非义赈不得实惠”。特别在朝廷逃往陕西、国家处于风雨飘摇之中的1900年，义赈同仁不仅自发组织了深入京津地区救助战争难民的行动，甚至还成为朝廷应付陕西旱灾的重要求助对象。在清朝的最后10年中，义赈活动不但未受时局动荡的影响，反而得到了更为长足的发展。

晚清义赈活动之所以能够迅速发展壮大，最主要的一个原因就是它形成了一套灵活、严密而有效的运作机制。每当发生重大灾情，义赈领袖人物首先成立专门性义赈中心组织，然后大力开展宣传，向社会上广泛募集赈灾资金。同时，赈所还邀请许多社会组织作为代理收捐处和联络点，各代理处再将募集款项统一交给义赈中心组织。等捐款数量可以展开赈灾行动后，赈所即直接选派人手前往灾区放赈，同时将收捐和放赈情况在《申报》、《新闻报》等大报上予以刊登，接受社会监督。总之，这是一套将募捐、司账、运解、发放等程序环环相扣、井井有条的行动程序，其目的是最大限度地将来之不易的捐款用到实处，以求达到“救人救彻”的功用。另外，参加义赈的同仁大都“自备资斧”（自备个人开支），不从捐款中开支分毫。这就无怪乎晚清义赈活动的成就远远超过了当时积弊难返、黑幕重重的官赈制度。

因此，晚清义赈活动除救助大量灾民之外，其另外一个意义深远的作用，就是对国家的官赈体制产生了重大影响。在义赈兴起后不久，关于义赈优于官赈的看法，甚至得到了不少高级官员的认可。在这方面，最明显的例子是李鸿章。在1895年离任直隶总督之前，李鸿章“不信官赈而信义赈”的态度早已广为人知，而且他也多次在赈济直隶灾荒的过程中大力借助义赈力量，甚至采取“化官为义”的做法，即把相当一部分官赈交由义赈人员办理。而到1906年江淮大水灾期间，义赈又对官赈形成了进一步的冲击。在时任两江总督的端方和商约大臣盛宣怀的支持下，此次赈灾行动演变为一场彻底的“官义合办”行动。其主旨不是官赈收编义赈，而是把所有官赈款项全部交由义赈办理。这种民间赈灾活动全面影响国家赈灾行动的情况前所未有，也标志着中国赈灾事业进入了又一个新的阶段。

不可否认，义赈在其后来的发展过程中也产生了某些弊端，如有些人跻身义赈，或沽名钓誉，或视为利薮（sǒu，利薮指逐利的场所），甚至“闻灾则喜，以赈为利”。但是，这些现象毕竟是义赈活动中的末流，并不能因此而否定义赈对于中国赈灾事业的进步所具有的积极作用，特别是其中许多成功的经验，对于今天我国发展民间慈善事业也有颇为有益的借鉴作用。

作者简介

朱浒，1972年生，浙江杭州人。中国社会科学院近代史研究所副研究员，经济史研究室副主任。主要研究方向为中国灾荒史，著有《地方性流动及其超越：晚清义赈与近代中国的新陈代谢》，另发表学术论文二十余篇。

清代文字狱

王思治

在封建时代，因文字著述被罗织罪名，锻炼成案，叫做文字狱。明清时，尤其是清代，因迭兴文字大狱，而因文罹（lí，遭受）祸者，大有人在。

清代文字狱大案始于康熙朝，而乾隆朝尤烈。康熙朝著名的大案有“庄廷鑨（lóng）《明史》案”和“戴名世《南山集》案”。

庄廷鑨，字子相，浙江湖州府南浔镇人。庄氏乃当地巨富。廷鑨双目失明，欲效左丘明，以盲史自居，著书传世，于是以千金购得明大学士朱国祯所撰《明史》稿本，聘请浙中名士多人修订增删润色而成《明史辑略》，署名已作。顺治十二年（1655），廷鑨病逝。顺治十七年（1660），该书刊刻付梓，于坊间发卖。书中将清人自视的“龙兴”称为“兹患”，称清先祖和清兵为“贼”、为“夷”，奉南明弘光、隆武、永历为正朔（指帝王所颁的历法。古代帝王易姓受命，必改正朔），在评论明亡之时流露欷歔（xī xū，抽泣）悲惜之情。有名吴之荣者欲借此敲诈勒索不成，于是向刑部首告，铸成大案。庄、朱两家及相关诸人被拘捕者数百人。康熙二年（1663）五月，刑部定谳（yàn，审判定罪），以赞扬故明、诋毁清朝、悖逆已极的罪名，将庄、朱两家及参与该书编撰者及其父兄弟子侄年15岁以上者70人处死，其中18人凌迟，流徙给披甲人（清代八旗兵丁的别称）为奴者数百人，庄廷鑨被掘坟碎尸。

康熙五十年（1711）翰林院编修戴名世《南山集》案与雍正时的吕留良案，也是各牵连数百人的大案。戴名世颇负才名，身任翰林院编修，曾称颂“今天子（康熙）聪明神圣”，“亦思自奋起，以期无负于世盛”，对清廷歌颂备至。他有志于明史，并网罗史文，搜求明季野史，著有《南山集》、《孑遗录》，因奉南明桂王永历等为正朔，不用清朝年号，且尊明崇祯帝为“上”，被斥为“罔视君亲大义，国法之所不容”，处斩。

乾隆时文网愈密，动辄犯忌。《清代文字狱档》辑有六十二案，皆为乾隆年间事。《文献丛编》、《纂修四库全书档案》、《清高宗实录》等，亦载有文字狱案多起。当然，这远不是文字狱的全部史料。

在当时，明、清二字切不可随便使用，因清统治者猜疑过甚，办案大员往往“推求其意，悖逆显然”，使不少人因此而丧命。如胡中藻《坚磨生诗钞》中有“一把心肠论浊清”，徐述夔（kuí）《一柱楼诗集》中有“明朝（zhāo）期振翮（hé，鸟的翅膀），一举去清都”；李驎（lín）《虬峰集》中有“翘首待重明”，都被罗织成文字狱。卓长龄《忆鸣诗集》案则是把诗集中的“忆鸣”二字，经“推求其意”之后，被指“忆明”，然后照“大逆”定罪的。如此“推求其意”置人于死地，清统治者也知道难以服人心。乾隆说：“恐胡中藻正法之后，或有党恶好事之徒，妄为不平，造言诽谤，此舞弄笔舌，所关世道人心甚大，不可不严密访拿。”

清代文字狱之苛细残酷远过历代。只要一经成为大案，作者及其亲属（不论知情识字与否），作序的、参订的、刻板印刷的、接受送书的，都在追查之列。一旦发现案情，即令“速行严密讯鞫（jū，审问），务得实情，按律问拟，勿得稍存漏网”。追捕牵连人犯，往往牵动很多省份。各省督抚奉到谕旨，立即“实力查缴，俾（bǐ，使）狂吠诗词，搜毁净尽，以正风俗，而厚人心”。被牵连人犯即使在数千里外，也要缉拿归案。倘若作者和作序的早已亡故，则追究其后人，直到曾孙。戴移孝《碧落后人诗集》及其子戴昆《约亭遗诗》案就是如此。《约亭遗诗》中有“长明宁易得”等句，被指为“诗内悖逆狂吠之处甚多”，而成为大案。此书刊于乾隆九年（1744），乾隆四十五年（1780）案发时，戴移孝、戴昆二人早已死了，其曾孙戴世道被捕审讯的口供称，乾隆九年刊刻《约亭遗诗》时，“彼时年幼，不知诗内有犯悖逆”，但仍以“大逆”定罪。戴移孝、戴昆被刨坟戮尸示众，曾孙戴世道斩立决。为《约亭遗诗》作序的鲁之裕及其子也早已去世，其孙5人分居湖北、湖南、广西、直隶，因系“罪人之孙”，均遭惩处。鲁之裕作序时其孙仅3岁，亦不能幸免。

当时，大案层出不穷，湖南安化有一位86岁的老人刘翔，希望清统治者不要猜疑过甚，向巡抚衙门呈进纸状一本，冒死规谏，被捕下狱，其审讯记录有如下一段问答：

问官：“（你书中说）‘自古国运接续之际，妄生议论，何代无之？’又云：‘是非之心人皆有之，不得已之鸣。’是何意见？”

刘翔答：“因闻皇上查缴违碍藏书，自必生疑士民妄生议论。备述我朝（清朝）圣圣相依，恩深百姓，纵有昧心狂笔，何忍存留？少释圣主之疑，冀免查缴。这便是不得已之鸣。”

明明是为了“稍释圣主之疑”，何尝“狂吠”，“悖逆”？故而才敢于自行呈递巡抚衙门，然而，却“忠而获咎”，其罪名是“妄揣圣意”、“妄干朝政”、“妄布邪言”。乾隆下令：“不得因其八旬，稍为姑息。”刘翔被斩首，以示惩儆。

《文献丛编》第十五辑载有《书词狂悖比照大逆缘尘清单》，共开列文字狱各案亲属缘坐147名，多为妇女孩童。其中汪景祺“《西征随笔》语多狂悖”一案，其子汪连枝发配黑龙江给披甲人为奴。汪连枝在配所生子，子又生二人。汪连枝死后，其子孙3人仍然为奴。这就是说，案发时尚未出世的子孙，也世袭为奴。

由于清统治者刻意深求，办案大员望文生义，制造冤假大案，助长了挟嫌诬告之风。御史曹一士向乾隆上疏说：“比年以来，小人往往挟睚眦（yá zì，喻指极小的仇恨）之怨，借影响之词，攻讦（jié，揭发）诗书，指摘文句。有司见事生风，多方穷鞫，或致波累师生，株连亲故，破家亡命，甚可悯也！臣愚以为，井田封建，不过迂儒之常谈，不可以为非今返古；述怀咏史，不过词人之习态，不可以为援古刺今。即有序跋，偶遗纪年，亦或草茅一时失检，非必果怀悖逆，敢于明布篇章。使以此类，悉皆比附妖言，罪当不赦，将使天下告讦不休，士子以文为戒。”由此可知，当时人业已指出文字狱之滥及用法之严酷，不仅造成了冤案、假案，而且煽起告讦之风。

文字狱造成的社会恶果是极其深重的。

鲁迅在《买〈小学大全〉记》中说：“清的康熙、雍正和乾隆三个，尤其是后两个皇帝，对于‘文艺政策’或者说得较大一点的‘文化统制’，却真尽了很大的努力的。文字狱只是由此而来的辣手的一种，那成果，由满洲这方面言，是的确不能说它没有效的。”其效果就是使当时的士人钳口而不敢言。而所谓“尊君亲上”的“大义”则是文字狱衡文的准则，如果被指为谤讪君上，不避圣“讳”，妄议朝政，隐喻讥讽，眷恋故明，心存怨望，便是“违天叛道，覆载（天地）不容”的罪人，其惩创之惨烈，不但使“士子以文为戒”，更是闻文字狱而色变，避之惟恐不及。

道光十九年（1839），文字狱的凶焰已经过去半个多世纪，龚自珍写了《乙亥杂诗》一组，其中脍炙人口的一首是："九州生气恃风雷，万马齐喑（yīn，失音）究可哀。我劝天公重抖擞，不拘一格降人才。"龚自珍痛感于当时没有一丝生气的"万马齐喑"的时局，大声疾呼振聋发聩的"风雷"，他认为造成这种有如古井局面的原因，就是恐怖的文字狱带来的"惩创"太严重了。龚自珍还认为，由此而造成的人才的缺失，是清王朝衰落的原因之一。龚自珍是当时具有远见卓识的士人，林则徐曾称赞他说："非谋宏远识者不能言，非关注深切者不肯言也。"在鸦片战争爆发的前夕，龚自珍的见识和呐喊，可以说是相当深刻的。

晚清西学东渐与新史学的发轫

史革新

清光绪朝后期，以挽救民族危亡、改变国家社会政治状况为宗旨的资产阶级政治斗争风起云涌，“史界革命”蓬勃兴起，新史学思潮风靡一时，近代新文化事业发展方兴未艾。由中国人创办的报纸杂志、出版机构，大量涌现，为人们发表反映新知识、新思想的作品提供了园地。一批留学欧美、日本的学子脱颖而出，充当了译介域外新知的骨干力量。在这样的时代背景下，域外史学的大量成果及信息被源源不断地输入中国，出现了自鸦片战争以来引进国外史学的新高潮。

国人创办的一些报刊是介绍国外史学的重要途径。经常刊登国外史学信息的报刊主要有：《清议报》、《新民丛报》、《译书汇编》、《译林》、《国民报》、《民报》、《教育世界》、《游学译编》、《浙江潮》、《新世界学报》、《国粹学报》等。这些报刊一般都辟有“历史”、“史学”、“史传”、“史髓”、“传记”、“论说”、“学术”等栏目，专刊包括国外史学及其信息在内的各种历史类文章，为数之多，难以胜计。

《译书汇编》曾登载大量关于日本学者史著的译作，诸如《近代政治史》、《近时外交史》、《十九世纪欧洲政治史论》、《欧美日本政体通览》、《最近俄罗斯政治史》等。该社还将一些连载译述出版单行本，如《波兰衰亡战史》、《美国独立史》、《菲律宾志士独立传》等书。

《译林》一至十期刊载翻译的外国史著述有：《印度蚕食战史》、《世界商业史》、《明治法制史》、《日本近世名人事略》、《维多利亚大事记》等。

梁启超主编的《新民丛报》更是连篇累牍地刊载介绍国外政治史、经济史、思想文化史等方面的文章，如《论民族竞争之大势》、《天演学初祖达尔文之学说及其略传》、《泰西学术思想变迁之大势》、《生计学学说沿革小史》、《新派生物学家小史》、《意大利建国三杰传》、《格致学沿革考略》、《万国思想家年表》、《英国商工业发达史》、《欧美各国立宪史论》、《欧洲地理大势论》等。

《浙江潮》刊登有《希腊古代哲学史概论》、《最近三世纪大势变迁史》等。

介绍国外史学的另一个重要途径是各种名目不一的出版机构。诚如论者所称："自商务印书馆崛起，申江延聘通人，注意新籍，开吾华书林之新纪元。厥后继之云起以主者，具奋斗精神，译著与日俱进。"出版外国史书较著名的出版单位有：商务印书馆，曾出版《美国独立战史》、《法国革命战史》、《苏格兰独立史》、《义大利独立战史》、《菲律宾独立战史》、《葡萄牙革命史》、《尼罗海战史》等译著。作新社，出版《英国革命战史》、《哥萨克东方侵略史》、《朝鲜政界活历史》等译著。广智书局，出版《希腊独立史》、《埃及近世史》、《十九世纪大事变迁通论》、《俄国蚕食亚洲史略》、《意大利建国三杰传》、《世界十二女杰》等译著。群学社，出版《美国独立史》、《美国独立史别裁》等书。文明书局，出版《世界女权发达史》、《滑铁卢战血余腥记》、《利俾瑟战血余腥录》、《埃及惨状》等书籍。开明书局，出版《南阿新建国史》、《印度灭亡战史》等书。明权社，出版《希腊兴亡史》、《十九世纪亚美利加之风云》、《林肯》等书。此外，还有一新书局《意大利建国史》、新民社《越南亡国史》、人演社《佛国革命战史》、青年会《法兰西革命史》、大同译书局《义大利侠士兴国传》、国民丛书社《近世欧洲大事记》、普通书室《法兰西近世史》、闽学会《西力东侵史》等。

顾燮光的《译书经眼录》是收录出版于辛亥革命期间各种译书书目的重要目录书。其中“史志”类译书共125种，包括通史、近世史、政治史、文明史、国别、传记、女史、战史、历史编年、教科书各类。值得玩味的是，《译书经眼录》所收“史志”类译书在数量上超过其他门类，诸如“法政”、“学校”、“交涉”以及声光电化等自然科学各学科，因此排列在全书之首，占显著地位。而在梁启超的《西学书目表》中，“史志”类译书仅有25种，位置排序第14位。排名在前5位的学科依次为算学、重学、电学、化学、声学等。“史志”类译书在这两种目录书中前后地位的变化反差甚大，生动地反映出20世纪初国人对史学新知的迫切追求和新史学在国人心目中地位的加重。

随着20世纪初科举制度的废除，近代教育体制的确立，世界历史作为一门“开民智”的重要课程而进入课堂。为了解决教材问题，商务印书馆、江楚编译官书局、京师大学堂译书局、学部图书局等出版机构组织人力，编译包括中外历史课程在内的教科书。其中有相当数量的教科书是翻译外国人编著出版的书籍。1903年，京师大学堂刊有《暂定各学堂应用书目》，分16科列举了选用的教科书。“中外史学门”一科开列的书目有：《普通新历史》、《支那史要》、《支那通史》、《最近支那史》、《世界近世史》、《东洋史要》、《西洋史要》、《欧罗巴通史》等。1906年江楚编译官书局出版陈寿彭译的《万国史略》四册，称“此原书经美国会批准，作为中学教科书，故译之”，其质量可谓上乘。

概而言之，中国在清季输入域外史学主要表现为两个明显的特征：

其一，数量庞大，内容广泛。在此以前，国人对西学的关注主要集中在科技方面，翻译世界历史方面书籍的数量很少，而且内容浅显。自戊戌维新以后，尤其是在20世纪初，国人对西学的兴趣转移到人文社会科学方面，追求域外历史知识的热情空前高涨，出现了大规模翻译国外史学书籍的热潮，导致史学译著数量的激增。从以上谈到的情况可以看出，输入内容包括：通史、断代史、国别史、专门史、人物传记、历史编年、历史教科书，以及少量的史学理论与方法类著作，基本涉及当时西方及日本所具有的历史学体系的方方面面。

其二，中国自己的新型知识分子成为输入西史新知的主要力量。在此以前，国外史学知识的主要传播者是外国传教士。如19世纪50至90年代流行的《大英国志》、《欧洲史略》、《希腊志略》、《泰西新史揽要》等书，均出自慕威廉、艾约瑟、林乐知、李提摩太等西方来华传教士之手。20世纪初，随着近代教育和留学运动的开展，中国已经形成一支数量可观的翻译队伍。他们中的许多人热衷于输入域外史学的工作，勤奋译述，成果丰硕。仅《译书经眼录》收录此期出版的国外史学译著涉及的中国译者就多达57人。其中著名者有：赵必振、樊炳清、丁文江、麦鼎华、李鼎新、顾学成、唐重威、林长民、章宗元、褚家猷、马君武、范熙庸、廖寿慈、陈澹然等。尽管他们仅是当时实际数量中的一部分，但与以前相比也算得洋洋大观了。

在晚清兴起的西学东渐浪潮中，西方史学著作源源不断地被输入中国，诸如进化论、民权说、逻辑学，以及进化史观、文明史观、民史观等西方学术思想、史学思想及方法都得到迅速的传播，大大开阔了国人的眼界和思路，并为新史学倡导者批判封建旧史学、创立近代新史学提供了新的思想理论武器和效法的模式，从而推动了中国近代新史学的形成和发展，即使对后来的马克思主义史学在中国的确立也产生了积极的影响，堪称中外史学交流史上的精彩一页。郭沫若在谈到中日文化交流的意义时说："中国就是这样地倾力向日本学习，更通过日本学西洋的文化。由于当时受到某种客观的条件的限制，中国的资本主义阶段的革命并未成功。但向日本学习的结果，却有巨大的收获。这个收获，既有助于打破中国古代的封建的因袭，同时又有促进中国近代化过程的作用。换言之，近代中国的文化，是在很多方面受了日本的影响的。"（郭沫若《中日文化的交流》，引自朱有瓛主编《中国近代学制史料》第2辑上册，华东师范大学出版社1987年版，第19页）其实，这也是对近代中外史学交流积极意义的肯定。在晚清，本来中国传统史学在原来的环境中已经步入衰落期，出现了重重弊端，受到学人的批评。然而，社会变革与西学东渐给它的发展带来新的契机，输入的域外新史学思想与方法给中国传统史学注入了新的活力与血液，启动了中国近代"史界革命"的闸门。

作者简介

史革新，1949年生，山西阳泉人。北京师范大学历史系教授、博士生导师。

《申报》：中国近代社会的“百科全书”

李　岚

《申报》创刊于同治十一年三月二十三日（1872年4月30日），是上海历史上第二份中文报纸（首份为创办于1861年的《上海新报》），经历了清末和民国，至1949年5月27日上海解放停刊，历时77年零26天，共出版25600期，是中国近代报刊史上发行时间最长、影响最大的一份报纸。《申报》同时也是最先深入到中国民间社会的近代化报纸，被当时人们美誉为“中国的《泰晤士报》”、“中国的《纽约时报》”，在旧中国很长一段时期内，人们把报纸统称为“申报纸”，成为报纸的代名词。

《申报》最初由英商欧纳斯特·美查（Ernest Major）等四人集资创办，后产权归美查一人所有。从创刊之日起，《申报》就强调自己是“新闻纸”，主张“记录一切”，“凡国家之政治，风俗之变迁，中外交涉之要务，商贾贸易之利弊，与夫一切可惊可愕可喜可叹之事，足以新人听闻者，靡不毕载”。在力争内容全面、丰富的基础上，重点突出报纸的新闻性，把“确、速、实”作为新闻报道的“三字经”。由于主办者在新闻业务及经营方式上锐意创新，《申报》才办得充满个性，富有特色，并在中国新闻报刊史上开创了多个“之最”。

最早的连续新闻报道　从1873年12月和1874年1月，《申报》分别用6个月和3年多的时间，详尽追踪报道当时引起社会广泛关注的“杨月楼案”和“杨乃武案”，积极发表各方意见，这是中国报纸早期出现的连续报道和最有影响的社会新闻。

最早的特派记者　1874年日本侵略台湾、1884年中法战争、1894年中日战争，《申报》都派遣“访员”（即后来的新闻记者）亲临事件第一线采访，发表独家新闻，这是中国报刊最早的特派记者活动。

最早的增刊及白话文报　从1876年3月30日开始，《申报》增加出版用白话文编写的《民报》两日刊，这是我国报纸有增刊之始，也是中国最早的白话文报。

最早的“编者按”　1878年2月19日，《申报》刊登《星使驻英近事》，消息后面加了一段编报人对此事的看法，这种类似“编者按”的言论形式，在中国也是《申报》最早采用的。

最早的新闻画及画报　1875年8月18日，《申报》在报道浙江会党消息时，于新闻中插刊了一幅会党臂章图样，这是同时期报纸上发表的第一幅新闻画。1877年5月，《申报》出版《寰瀛画报》，共五卷，这是中国最早出现的画报。1884年5月8日，创刊附属于《申报》的《点石斋画报》（旬刊），为中国最早的石印时事画报。

最早的新闻专电及新闻电报　1881年12月24日，中国第一条电报线路自天津至上海架设完成。1882年1月16日，《申报》刊登的该报记者经由天津发来的一条电报消息，是见于报上的由记者拍发的第一条新闻专电。同时《申报》还最早利用这条线路传达清廷谕旨、拍发新闻电报，这是中国报纸用电讯传递国内新闻之始，从而提高了新闻的时效性。

最早的通讯　1882年9月9日起，《申报》陆续刊载题为《高事近耗》、《高丽形势》的一组报道，这是出现在中文报纸上最早的一批“通讯”。

最早的“号外”　1884年8月6日，《申报》出版了它的第一份“号外”，刊布了由该报驻福州记者发来的专电。

存在时间最久的副刊　1911年8月24日，《申报》副刊《自由谈》问世，以后它逐渐发展成为中国近代报刊中影响最大、存在时间最久的副刊。

《申报》初创刊时为双日刊，自第5号起即改为日刊，每期一张，以后逐渐增多。新闻、言论、文艺（副刊），再加广告，成为《申报》必备的四项内容，初步奠定了中国近代报纸基本的版面模式。

作为“记录一切”以“与华人阅看”的新闻纸，保存在《申报》中的历史资料内容可谓无所不载，形式亦是五花八门，主要有：社评、时评、杂评、星期评论、本市新闻、外埠新闻、评论、消息、谈言、来件、通讯、要讯、日记、书信、杂记、要闻、电稿、谕旨、奏折、告示、批录、计划书、启事、禀、提案、论策、章程、通电、法令、政策、规章、来函、布告、告灾书、歌谣、诗赋、广告、各货价格表、轮船出入日期表等。

为及时传递信息，保持敏锐的新闻触角，《申报》建立了广泛的新闻采集网，在全国各地派驻“访员”，甚至在纽约、伦敦、华盛顿、东京、大阪、横滨、长崎等城市还建立了驻外记者站。为扩大信息来源，《申报》及时转载京报、邸抄、《中国科学》、《经济丛谈》、《中外新闻》、《万国商业报》、《德文新报》、《字林西报》、《中西教会报》、《香港华字日报》、《伦敦新报》、《密勒氏评论报》等报刊刊发的消息。《申报》成为人们了解外界消息最主要的渠道，它使“中国人能阅读到国内和国外发生的事件，成了上海最畅销的报纸”。

除投入大量人力物力报道新闻外，《申报》亦很重视言论的作用，坚持“言论独立，服务社会”的办报方针。它自认是“民众的喉舌”，是“通民隐、达民情”的工具，所发表的言论是“庶人之清议”，不论对错，政府都应该倾听。作为最早“中国化”的报纸，有人认为“中国近代报刊有一个传统，就是从十九世纪七十年代的《申报》、《循环日报》开始，经过戊戌变法、维新运动，一直到辛亥革命，普遍重视言论的作用”。

《申报》的政论、时评从创刊之日起，几乎一天一篇，有时甚至更多，多数置于首页，重大历史时期的重要论说更是放在头版头条的位置。以1872年4月30日至5月30日，即《申报》刚诞生第一个月为例，它就发表“论说”70余篇，在一定的范围内对某些不合理的社会现象进行了揭露，令人耳目一新，读者有评：“若过去苏爱斯河（今译苏伊士运河）而东以达亚洲，售报之多以贵馆为首屈一指，往往出一论，纪一事，传于陬澨（zōu shì，山脚水边，此处比喻发行范围广），顷刻风行。”

《申报》开重视言论之先河，迎合了中国士人议论和关心时事的传统。《申报》实行“主笔”（即后来的主编）制，那些酣畅淋漓、尖锐犀利的论说，几乎都是它的“秀才”主笔们所写。极负文名的蒋芷湘、钱昕伯、何桂笙、王韬、蔡尔康等曾先后担任主笔。在他们的主持下，报纸文字平易，“上而学士大夫，下及农工商贾皆能通晓”，很快得到了社会的认同。

民族报业家史量才（家修）收购并经营时期（1912—1934）的《申报》，更是坚持“敢言直书”、“服务社会”的办报方针，业务迅速发展。从1912年的发行7000份，以后稳步上升，到1925年突破10万份，1932年更是超过15万份，创造了它的黄金时代，成为具有相当规模的大报，“隐然成为上海报业的领袖”，“为一最有势力之报纸”，它的舆论作用和社会影响力也达到了历史最高峰。

报纸是“社会历史的档案”。《申报》记载了中国近一个世纪的朝代更迭和风云变幻，保存了大量珍贵的历史资料，具有很强的实效性和针对性，反映了中国漫长而曲折的近代化历程。《申报》的兴衰沉浮既带有传统社会衰败的深深烙印，又反映了现代社会发展的勃勃生机，体现了新与旧、传统与现代、东方与西方的碰撞激荡与交汇融合，折射出了时代的发展、社会的进步和历史的沧桑。因此，研究近代中国，离不开《申报》这一不可或缺的参照物。《申报》是记录近代中国社会历史的“百科全书”，是中国报刊史上的一座里程碑。

作者简介

李岚，1972 年生于安徽庐江。获中国人民大学中国近代史专业博士学位，现为国家清史纂修领导小组办公室项目管理处副研究员。研究方向：中国近代社会史、思想史，发表过各类学术论文数十篇。

《清史稿》及《清史稿校注》纂修的启示

赵晨岭

《清史稿》是清朝覆亡后民国初年北洋政府支持编纂的清史，因最后未经审订即匆忙刊行，故名为“稿”。其编纂历时15年，前后数百人参与，全书合计800多万字。《清史稿校注》则是台湾史学界对《清史稿》进行校注整理后出版的史籍，众多专家学者历经14年完成，连同《清史稿》原文共1200余万字。了解和研究这两次修史过程的组织架构和经验得失，对于学习实践科学发展观、更好地统筹规划当前国家清史纂修工程中的有关工作，很有意义。

一、清史馆的设立及编纂队伍的组织

1914年初，袁世凯发布大总统令批准了北洋政府国务院关于设清史馆纂修清史的呈请，并聘曾任清朝东三省总督的赵尔巽（xùn）为清史馆馆长。《清史稿》编纂队伍没有固定编制，组织管理较为松散，赵尔巽先后聘任修史人员百余人，另外还聘任纂修顾问等近百人。

修史人员多为清朝科举出身的官宦，不少是国学底蕴深厚的专家学者。撰稿的基本流程是根据其研究特长，领任务列表登记后各自撰写，再定期交稿。其薪金待遇最高的每月600银元，最低的30元，不能按时交稿或者稿件质量低劣的则停发薪水。

二、北洋政府的支持与投入

虽然开馆之初正是百业凋敝之时，北洋政府还是从各方面给予了较大支持与投入。政府将紫禁城东华门内原清朝国史馆及会典馆办公处作为清史馆办公场所。在政府支持下，史馆得以顺利向各部各省征集档案史料，并聘请了一些政府官员作为专员、访员协助修史。

但北洋政府的经费投入集中在前两年，起初每月拨款10多万银元用于史馆各项开支，1916年袁世凯去世，经费递减至每月仅有三四千元，并时以国库券、公债券代替，最终以至于无。因无钱发薪，修史人员纷纷离去，后来仅剩10余人，赵尔巽只好向军阀张作霖、吴佩孚等人募捐。但募得之款数量有限，仅够书稿出版，薪金依然无着。

三、《清史稿》体裁体例的确定及编纂过程

《清史稿》体裁体例的确定经过三个阶段，第一阶段是馆内外人士各自构思提出建议，第二阶段是馆内组织讨论拟订草稿，第三阶段是将征求意见稿在报上向全社会公开，根据反馈补充修改后最终确定。当时修史定位为上接二十四史，大多数人建议的体例都是传统的纪、传、表、志。最终讨论的结果是大体效法《明史》的类目而稍有变通。当时清朝覆亡未久，纂修清史引起各界重视，许多社会知名人士都参加了体裁体例大讨论。只是限于当时的思想认识，有些类目不够细致妥当，加之因政局不稳和社会动荡影响了修史进程，有的类目虽然订立而其后并未编写。

《清史稿》编纂可分三个阶段：自开馆到1920年为初稿阶段。起初经费充裕，成稿最多。1917年张勋复辟，清史馆闭馆数月，复馆之后经费仅能勉强维持。自1920年至1926年秋为统稿阶段，主要针对部分稿件质量偏低、体例不一的问题进行修订，但因编纂人员太少，工作难以进行，成效不大。自1926年秋至1928年夏为刊行阶段，因国民革命军北伐节节胜利，时局动荡，赵尔巽又年老体衰、重病在身，全书尚未终审定稿就急于刊印，在其病故前所作的发刊词中说“此稿……并非视为成书”，故名《清史稿》。

四、《清史稿》的史学价值

由于当时种种客观条件限制，《清史稿》纂修的主要资料是清代国史馆为修清朝国史而采编的史料，清朝档案基本没有利用。另外，清史馆虽曾在各地广泛征集图书、报章、方志、舆图及名人书信、照片等，但经与《清史稿》内容对照，这些资料大多并未采用。

《清史稿》纂修虽在辛亥革命以后，但由于作者多为清代遗臣遗民，是站在清廷立场上来写清史，观点不够客观公允。书稿未经仔细核改和认真校对，因此体例不一，甚至时间、人名、地名等错误历历可见。但另一方面，编者将部分清代史料汇集起来并初步整理，使得读者能够看到比较系统详细的清史。因此，本书仍具参考价值。

五、国民政府对《清史稿》的处理

《清史稿》刊行后，学界批评如潮。北伐胜利，故宫博物院对《清史稿》进行审查并接收了清史馆。1929年底，国民政府将其定为禁书，不准发售。之后，众多学者请求重修清史，或弛禁该书。1934 年，行政院开始检校《清史稿》，次年将结果提交国民党中政会讨论。国民党党史史料编纂委员会主张应拨款设馆重修清史，结果反对者甚众，之后全面抗战开始，此事不了了之。1939 年，国民政府设立国史筹备委员会，其中一项职责就是检校签注《清史稿》。1945 年间，重庆中国史学会曾呈文教育部，表示愿意负责校订《清史稿》并将其重印，但抗战胜利后并未进行。

六、从《清史》到《清史稿校注》

国民党逃往台湾后，于 1960 年由其“国防研究院”组织“清史编纂委员会”将《清史稿》稍加修订，第二年与台湾“中国文化研究所”合作刊印出一部《清史》。此《清史》虽然对《清史稿》有所匡正，但仓促成书，并未采用重要史料，存在较多脱漏错误，学界认为实同废品。

同时，不少台湾学人提出重修清史，台湾“行政院”交由“国史馆”负责。该馆认为台湾所存史料残缺不全，又受经费限制无力重修，不如将《清史稿》进行校注，“或可供目前一般之参考”。1978 年，该馆与台北“故宫博物院”开始合作进行校注。前期按照“以稿校稿，以卷校卷”的方法，到 1984 年共校订出 4 万余条。中期组成负责定稿的工作小组校阅条文。最后再聘请 10 余位专家学者担任审查委员进行复审，增删初稿，“新增校订得二万余条”。定稿后陆续出版，1991 年《清史稿校注》全部出齐。

七、《清史稿校注》的史学价值

《清史稿校注》对《清史稿》逐字梳理，时间、地点、人物、史实等逐一核对，全书共校注 4.7 万余条，是目前对《清史稿》最为详尽的系统校订。作者引经据典多方考证，并注意吸收中外新的研究成果。通过对史稿各种问题的考订，《清史稿校注》为学界提供了较为准确可靠的研究资料，颇有价值。

但该书也有不少缺憾，如全书校订标准不一，有的地方校订不细，一些重要文献未被引用，有些舛（chuǎn　错误）误未被校出等。同时，校注无法摆脱《清史稿》的根本局限，原书存在的结构失当、内容缺失等问题都不可能仅在校注范围内解决。

八、《清史稿》及《清史稿校注》编纂过程的启示

从《清史稿》编纂过程看，其中设立史馆组织编纂的体制、后期未能定稿即付刊行的问题等等，都对当前国家清史纂修工程的组织机构和管理体制有所启发。特别是北洋政府后期支持没有力度，15 年修史仅成一稿的教训非常发人深思。

从《清史稿校注》编纂过程看，前文引述初期校订 4 万余条，后期又新增 2 万余条，两者合计至少 6 万余条，但最终成书总共有校注 4 万多条。那么相差的 1 万多条到哪里去了？根据张玉兴先生的研究，原来校注的审查委员在复审中删除了三分之一的初稿，其补写的条目竟达全书之半。这说明编纂人员疏漏甚多，有很多初稿不合要求。虽然删改正是复审工作的意义和价值所在，但达到全书一半的工作量实在太过惊人。这样审稿者也成了撰稿者，故最后成书的进度和质量受到了初稿很大的影响。应该说，这是《清史稿校注》编纂最深刻的教训，对于国家清史纂修工程下一阶段的审稿定稿工作也有借鉴意义。只有强化对作者撰稿质量及进度的严格要求，并为此提供相应的保证措施，才能避免类似情况的重演。新修清史工程巨大，如果缺乏审稿定稿，

新修清史就可能成为另一部“清史稿”；如果审稿定稿不精，新修清史就难以超越《清史稿校注》的水平，无法成为学界期待的传世之作。

作者简介

赵晨岭，1978 年出生。中国人民大学清史研究所硕士，国家清史纂修领导小组办公室工作人员。

顺治帝迎见五世达赖礼仪之争

廖榕光

《清史稿》的《洪承畴传》记载：（顺治九年 1652）九月，达赖喇嘛来朝，上将幸代噶（今内蒙古凉城），待喇嘛至入觐。承畴及大学士陈之遴疏谏，上为罢行，并遣内大臣索尼传谕曰："卿等以贤能赞密勿（赞，参与；密勿，机密要务），有所见闻，当以时入告。朕生长深宫，无自洞悉民隐。凡有所奏，可行即行；纵不可行，朕亦不尔责也。"

短短不足100字，记述了顺治帝接受洪承畴等人的疏谏，没有亲往长城边外迎接五世达赖喇嘛的事。

西藏自13世纪中叶正式归入元朝版图。从明朝成祖开始，西藏各派宗教领袖均由中央封授，其政权实行政教合一，直接受中央政府管辖。达赖喇嘛和班禅额尔德尼两大活佛系统属于藏传佛教的格鲁派，由于僧人头戴黄帽，以示与传统旧派"红帽派"不同，故又称"黄教"。明万历六年（1578），三世达赖喇嘛索南嘉措在青海与内蒙古土默特部俺答汗会晤，俺答汗赠送索南嘉措"圣识一切瓦齐尔达喇达赖喇嘛"（"达赖"是蒙古语"大海"之意，"喇嘛"是藏语"上师"之意）称号。三世达赖之前的根敦朱巴、根敦嘉措，被分别追认为一世达赖喇嘛和二世达赖喇嘛。万历十六年（1588），明政府赐索南嘉措"朵儿只唱"（藏语，意为“金刚持”）封号。四世达赖喇嘛云丹嘉措（1589—1616）之后，明天启二年（1622），6岁的阿旺·罗桑嘉措被认定为五世达赖，迎入哲蚌寺供养。

清朝入关前，五世达赖和四世班禅于崇德七年（1642）遣使至盛京（今辽宁沈阳）。使臣受到皇太极接见，并居留盛京达七个多月。次年，皇太极派使臣随西藏使者入藏，慰问达赖、班禅和各教派领袖人物。皇太极在给五世达赖的信上，称达赖为“金刚大士达赖喇嘛”，并希望西藏归清。这是当时尚在关外的清王朝与西藏通好之始。顺治元年（1644）清廷迁都北京，顺治帝即位，摄政王多尔衮遣使入藏，分别向达赖、班禅等问安致意，赏赐礼物。此后，五世达赖多次遣使进京，请求觐见顺治皇帝。顺治八年（1651）正月，顺治帝亲政，达赖、班禅两位黄教最高领袖，各遣使上表贺年问安。顺治帝接见使臣，批准五世达赖“龙年”进京。

顺治九年（1652）八月，五世达赖带领随从3000人到达蒙古，向顺治帝提出在归化（今内蒙古呼和浩特）或代噶觐见的要求。顺治帝答复说，内地正在用兵，皇帝不宜轻出，只能在边内（长城以内）近地相会。五世达赖再次上疏，说边内多疾疫，在边外相会较好。顺治帝为促进喀尔喀蒙古（当时的蒙古以戈壁沙漠为界，大致分为三大部分：南部称漠南蒙古，相当于今内蒙古；北部称漠北蒙古或喀尔喀蒙古，相当于今外蒙古；以西则称漠西蒙古或厄鲁特蒙古，相当于今新疆北部及其以西地区）前来归顺，即准备迁就五世达赖的请求，出边外与他会见。

这时，顺治帝亲政才一年多。虽然已经有出边亲迎五世达赖的打算，但年轻的皇帝还是慎重地向众大臣征求意见。满族大臣都表示支持，认为：达赖是我们请来的，“上若亲往迎之，喀尔喀亦从之来归，大有裨益也。若请而不迎，恐于理未当”。显而易见，支持皇帝亲往迎接达赖，政治目的是为了有利于感召喀尔喀蒙古来归顺。同时，达赖有随从 3000 人，如果在边外会见，有利于减少朝廷的接待费用。达赖若希望到内地看看，可以少带随从。但是，以内翰林秘书院大学士兼都察院左都御史洪承畴为代表的汉族大臣，对此持相反的意见。

洪承畴对顺治帝说："皇上为天下国家之主，不当往迎喇嘛。"他从儒家大一统的思想立场出发，指出皇帝代表的是国家中央政权，皇权高于一切，宗教必须接受皇权控制，皇帝亲自出边去会见一位被称为活佛的喇嘛显然不当。他认为派一员大臣代表皇帝前去迎入京师为宜。至于达赖喇嘛带来的庞大随从队伍，洪承畴认为，"遇岁歉，不可令入内地"，应该让他们住在边外，赏赐金银财物，这同样能够体现中央政府尊重宗教，敬重达赖。

顺治帝从争取喀尔喀蒙古归顺的愿望出发，没有采纳洪承畴等汉族大臣的意见，决定御驾出边迎接活佛，并于九月十一日正式通知五世达赖，将在边外的代噶会见他。

但是，洪承畴始终认为皇上亲往边外迎接一位活佛是不当的，于是，他联合另一位汉族大臣陈之遴拟再次动本力谏。

洪、陈等人利用钦天监（掌管观察天文气象、推算节气、编制历书的官署）上奏的"太白星与日争光，流星入紫微宫"这一天象变化，运用天人感应思想，上奏顺治帝说：太白敢于争明，流星敢于突入，这是上天垂象。"今年南方苦旱，北方苦涝，岁饥寇警，处处入告"，这是垂象的具体体现。劝皇帝以国家全局为重，切勿轻易远行。又说："达赖喇嘛自远方来，遣一大臣迎接，已足见优待之意，亦可服蒙古之心，又何劳圣驾亲往为也！"这份奏章，在今天看来，纯属是以迷信为借口的理由，甚至有点危言耸听，但在当时却可能成为打动皇帝的理由。果然，在奏本呈上的当天，顺治帝即决定接受他们的意见，并传旨：

“此奏甚是，朕行即停止。”同一天，顺治帝还派大臣索尼传谕旨，大大地表彰洪承畴和陈之遴。谕旨说：“卿等谏朕勿往迎喇嘛，此言甚是，朕即停止。以卿等贤能，故擢赞密勿，嗣后国家一切机务，及百姓疾苦之处，如何始合民心，如何不合民心，卿等有所见闻，即详明敷陈，勿得隐讳。”

顺治帝采纳洪承畴等人的建议，对迎接达赖的仪程进行一系列详尽安排部署。十月上旬，顺治帝派和硕承泽亲王硕塞出边外迎接五世达赖。十二月，五世达赖乘坐顺治帝特赐的金顶大轿到达北京，顺治帝出城，在南苑以特别隆重的仪式会见达赖，并举行盛大宴会。随后，五世达赖住进顺治帝特地为他在京师北郊修建的西黄寺，并令户部拨布施白银 9 万两。五世达赖在京期间，顺治帝多次接见并宴请、赏赐。次年（1653）二月，五世达赖请辞返藏，顺治帝在太和殿赐宴，又赏赐达赖黄金 550 两，白银 11000 两，大缎 1000 匹，以及其他珍贵物品。之后，亲自送至南苑。又命硕塞伴送五世达赖至代噶。接着，顺治帝又派礼部尚书觉罗朗球到代噶，召集蒙古外藩王公、贝勒等与达赖相会。在那个隆重的场合，觉罗朗球宣读顺治帝圣旨，宣布赐予五世达赖以“西天大善自在佛所领天下释教普通瓦赤喇怛喇达赖喇嘛”封号，册、印用黄金制成，以满、汉、蒙、藏四种文字刻写。这就正式用法律形式确定了“达赖喇嘛”的名号及其在满蒙佛教各派中的领袖地位，为后来历任皇帝进一步治理西藏奠定了基础。顺治帝当年授给五世达赖的金印，至今仍收藏于西藏博物馆内，并向公众展出。

至此，因迎送五世达赖的方式在朝内引起的大讨论，终于以顺治皇帝采纳洪承畴等人的意见而圆满结束。这次迎送达赖的政治影响不可低估。第一，使喀尔喀蒙古与清中央政府的政治联系更为紧密。顺治十二年（1655），喀尔喀蒙古两大封建主土谢图汗、车臣汗各遣子弟携带表文来朝见顺治皇帝。同年，清中央政府又在喀尔喀设八扎萨克（清代蒙古各旗旗长称扎萨克），分左右翼，加强了对喀尔喀蒙古的管辖。第二，加强了中央政府与西藏地方宗教领袖的关系。在此之前，中央政府接见西藏活佛的仪轨，并无章法可循，而此次迎接达赖时得体的仪轨、隆重的规格，表现了清中央政府对达赖的充分尊重，促进了民族团结和国家统一。正是由于洪承畴力谏不懈，为清廷正确处理中央政权与西藏地方宗教领袖的关系奠定了基础，彰显了多民族大一统的原则，意义是相当深远的。

重温这一段历史，可以见证西藏自古就是中国不可分割的一部分。流亡海外的十四世达赖集团否认历史，鼓吹“西藏独立”，是站不住脚的，是注定要失败的。

作者简介

廖榕光，1940 年生，福建省南安市人。现任南安市洪承畴文化研究会常务副会长兼秘书长。发表有《京华何处文襄居——洪承畴北京故居考察》、《松杏纪功碑解密洪承畴降清之“谜”》、《董小宛何曾入清宫》、《从顺治谕祭洪承畴母傅氏的御制碑看顺治帝对洪承畴的评价》等文章，并收入作者专集《抱朴斋摭稿·守望家园》。

清朝平定张格尔叛乱及其意义

李尚英

乾隆二十四年（1759）平定回部大小和卓叛乱之后，为了缓和民族矛盾，清政府实行轻徭薄赋的政策，使当地“回民”（维吾尔族）得以休养生息。然而，至嘉庆时，清政府派驻新疆地区的部分官吏贪婪腐败的本性恶性发展。他们与当地维吾尔族官吏（伯克）狼狈为奸，“敛派回户，日增月甚”，土产、毡裘、金玉、缎布等赋外之赋，均由章京、伯克分肥，而仅以十分之二奉献办事大臣，致使回民和其他少数民族怨声载道，回民反抗事件不断发生。与此同时，早已将势力伸入西亚地区的英国殖民者，别有用心地在浩罕（在今乌兹别克斯坦境内）等国培养了一批外逃的和卓后裔，利用他们与清政府相对抗。张格尔即是其中之一。

张格尔是乾隆年间维吾尔族统治者大和卓布拉呢敦之孙。布拉呢敦被诛后，其子萨木克逃至浩罕，生有三子，次子即张格尔。张格尔野心勃勃，梦想在南疆恢复和卓家族的统治。

嘉庆二十五年（1820）秋，张格尔利用南疆维吾尔族人民对参赞大臣斌静的荒淫贪暴和残酷压迫极为不满之机，率数百名叛军潜入南疆，勾结维吾尔族上层人士，向清军发起进攻，失败后逃往浩罕。道光四年（1824）秋、五年夏，张格尔屡以小股袭扰近边，而清军屡捕不获。

道光六年（1826）六月，张格尔纠集500余人，由开齐山路闯入新疆，进至距喀什噶尔（今喀什）数十里的阿尔图什（今阿图什），以祭祀祖墓为名，煽动当地民众反清。新任喀什噶尔参赞大臣庆祥立即派兵进讨，消灭叛军400余人。张格尔不甘心失败，又于七月底至八月中旬，纠集叛军数万人进攻并占领了和阗（今和田）和英吉沙尔（今英吉沙）二城，接着全力进攻喀什噶尔城。守军虽英勇作战，顽强抵抗，终因援绝力竭，兵败城破，庆祥自缢身亡。不久，叶尔羌（今莎车）也落入敌手。张格尔在连克数城后得意忘形，竟在喀什噶尔建国称王，随即在南疆实行极其野蛮的统治。

道光六年八月，道光帝得知张格尔叛军攻占和阗、英吉沙尔，并围攻喀什噶尔的消息之后，立即发布谕令，要求当前“总以严守东四城（阿克苏、乌什、库车、辟展）为要，阿克苏尤为适中扼要地方，更应加意固守”。道光皇帝部署平叛的主要措施有：

第一，在军事上，道光帝迅速任命伊犁将军长龄为扬威将军，与陕甘总督杨遇春统领万余大军，前赴新疆筹办剿捕事宜。他要求长龄、杨遇春等人，“务期厚集兵力，一鼓扫除，以彰天讨”，“勇往之中，寓慎重之意”，“不可冒昧轻进，致堕贼人奸计”。清廷还制定了奖惩和严守军纪的条例，以充分调动清军将士平叛的积极性。

第二，在政治上，惩办贪横不法官员，将民愤极大的驻疆大臣定罪；向回城居民宣示恩威，实行严格的区别对待政策：对“甘心助逆”抗拒清军者决不宽贷，而对“被胁附合之众”，只要能投诚乞命，皆可予以宽贷，以最大限度地孤立叛乱者。

第三，在后勤供应上，派办理粮饷颇有经验的大臣恒敬驻哈密，以保证粮饷和其他军用物资的供应。

此时张格尔叛军正向清军的主要集结地阿克苏挺进，并到达距阿克苏仅80里的浑巴什河，后又进至距阿克苏仅40里之地。在这形势危急之际，清军在杨遇春等人的直接指挥下，对叛军两面夹击，击毙和俘虏叛军1000余人，“大河以北，已就肃清”。

正当清军在阿克苏一带接连获胜的时候，道光帝于十月得知喀什噶尔城失守。他立即颁发谕令，提出“以密速进取喀什噶尔为急”，分奇兵断敌归路，以主力由英吉沙尔等处前进，“两路会合夹攻”。当时各路清军已会师阿克苏，长龄、杨遇春、武隆阿等人遵照道光帝的旨意，立即派陕西提督杨芳率部向战略要地柯尔坪（今柯坪）进军，杨芳挥军分两路突袭该地，迅速将3000余名叛军全部消灭。此战的胜利，既沉重打击了叛军的嚣张气焰，宣布了张格尔夺取南疆东四城、进而占领全疆迷梦的破灭，同时又使清军打通了西进的道路，鼓舞了士气，增强了平叛的信心。

道光七年（1827）二月六日，集结于阿克苏的清军主力开始向喀什噶尔大举进军。张格尔闻讯，急忙在洋阿尔巴特（今伽师东）纠集叛军2万人，临时筑起一道防线。二十三日晨，长龄与杨遇春、杨芳、武隆阿督率官兵，分路向叛军发动了猛烈进攻，收复了洋阿尔巴特。二十五日，清军又围攻张格尔重点设防的沙布都尔庄（今伽师西）。战斗开始时，清军步兵冒险从正面越过水障强攻，叛军恃险施放枪炮，并用马队进行反冲击。清军人人奋勇，个个争先，和叛军短兵相接展开肉搏战，先后歼敌万余人。之后，乘胜追至距喀什噶尔城80里处。二十九日，清军进至浑河北岸，距城仅10余里。张格尔不甘束手待毙，令叛军倾巢而出，背城阻水而阵，绵亘20余里，以作最后一搏。清军选死士乘夜袭扰敌营，使其疲惫。当夜大风，飞沙障目。长龄接受了杨遇春的建议，立即以索伦马队千余骑绕趋下游佯渡，牵制叛军主力，由杨遇春亲率主力乘昏暗在上游抢渡。果然叛军因遭突袭，阵脚顿时大乱，纷纷溃逃。三月初一日拂晓，清军全部顺利渡河，并乘势进抵喀什噶尔城下，随即发动猛烈进攻。城内叛军既缺乏杀伤力大的火炮，又没有统一指挥，数万人乱作一团。清军迅速攻占了喀什噶尔城，生俘叛军4000余人。狡猾的张格尔在城破之前已先逃遁，欲归附浩罕，被拒绝入境，只得流窜于布鲁特人（今柯尔克孜族）的游牧处所，伺机卷土重来。

清军收复喀什噶尔之后，即兵分三路：长龄留驻喀什噶尔，杨遇春率军向英吉沙尔、叶尔羌进剿，杨芳率兵进攻和阗。杨遇春兵行迅捷，于三月初五攻克英吉沙尔，10天后又兵不血刃地收复了叶尔羌城。不久，杨芳所率清军于毗拉满（今和田西）击败叛军5000人，乘势克和阗。至此，南疆西四城全部收复。

张格尔不甘心失败，妄图卷土重来。道光七年末，他获悉大部分清兵已在杨遇春的率领下撤回内地，便重新拼凑了一支500余人的叛乱队伍，欲乘清军除夕不备之机偷袭喀什噶尔。长龄得知消息，立即令杨芳带兵连夜前去搜剿。杨芳分兵三路追击，终于在喀尔铁盖山（今喀拉铁克山）追上叛军。经激烈战斗，叛军全部被歼，张格尔被生擒。至此，张格尔叛乱被彻底粉碎，清军取得了最后的胜利。

道光八年（1828）五月，张格尔被解送京师，道光帝亲临午门受俘，并颁发谕旨，历数张格尔的种种罪行。不久，道光帝又在圆明园廓然大公殿廷讯张格尔，随后将其处决。

张格尔叛乱，同外国侵略势力密切相关。早在19世纪初叶，英国殖民主义者就不断派遣特务冒充商人潜入新疆地区，收集政治、经济、军事等各种情报，进行罪恶的间谍活动，企图蚕食新疆，进而向中国内地扩张其侵略势力。外国殖民者为了在新疆寻找可靠的代理人，就把目光瞄准了始终梦想在新疆恢复和卓家族统治的代表人物张格尔。正如著名清史专家戴逸先生所说："在这次叛乱中，张格尔军队就是在英国援助下组织和装备的，军队的教官是由英国人担任的，且在张格尔的身边，经常有五名英国特务和他形影不离，支配着张格尔的一切行动。"张格尔事件"是在外国侵略势力支持下进行的民族分裂的叛乱"。清朝平定张格尔叛乱，对于维护多民族国家的统一和领土完整，以及反对殖民主义的侵略，具有重要的历史意义。

作者简介

李尚英，男，1942 年生，辽宁人。中国社会科学院研究生院教授、编审。主要著作有《清代政治与民间宗教》等。

台湾建省的历史进程

李祖基

康熙二十二年（1683），施琅在澎湖大败明郑水师，郑克塽被迫率众投降，结束了海峡两岸之间对峙的局面，国家实现了大一统。次年，清政府在台湾设立一府三县，隶属福建省，台湾的历史进入了一个全新的时期。成千上万的闽粤移民渡海来台，开垦土地，兴修水利，原来蛮烟瘴雨的榛莽斥卤（指土地含盐分过多，不宜耕种）之地渐渐变成“糖谷之利甲天下”的鱼米之乡。

乾隆初年，台湾的汉人居民已增加到45万多人，行政区划也由一府三县增为一府四县二厅。但因治理不善，社会动荡不安，如康熙六十年（1721）的朱一贵暴动、雍正九至十年间（1731—1732）的大甲西社“番变”等等。可是台湾地方官员平时既不能抚循，临事又不能绥辑，一味欺隐。总督、巡抚远隔重洋，有鞭长莫及之虞。内阁学士兼礼部侍郎吴金因有亲友在台服官，留心访察，对台湾情形备悉其详，于乾隆二年（1737）四月十一日上奏朝廷，首次提出了台湾建省的主张。称台湾虽弹丸一府，而控制外洋，近则为江浙粤闽之保障，远则为燕齐辽等之应援，南北万里，资其扼要，建议“将台湾另分一省，专设巡抚一员，带兵部侍郎衔”，就近稽查，以重海防。然而，清廷以台湾武员设有总兵，文员则特遣御史，并设道、府等官，立法已为周备，且“弹丸之地，所属不过一府四县，而竟改为省制，于体不可，于事无益”，而驳回了吴金的奏议。

由于大陆移民的不断迁入，到嘉庆十六年（1811）前后，台湾的人口已增至近200万人。第二次鸦片战争后，台湾作为新增辟的通商口岸对外开放，列强的势力直接进入台湾。清政府限制大陆人民渡台、禁止人民进入内山“番地”等消极的治台政策造成海疆防务废弛，给了列强可乘之机。同治十三年（1874），日本以琉球遭风船民被台湾原住民杀害为借口，悍然出兵，在台湾南部琅峤（láng qiáo）登陆，对牡丹、高士佛等高山族番社大肆烧杀，并在当地修路建房，意图久占，史称“牡丹社事件”。此次日本侵台事件虽然由中日双方通过外交途径而获得解决，但此次的海防危机及其暴露出来的问题，对中国朝野震动极大，引发了一场关于海防问题的大讨论。主持大政的李鸿章等人亦要求全国上下从此“卧薪尝胆，力求自强”。当时担任钦差办理台湾等处海防兼理各国事务大臣的沈葆桢更认为台湾孤悬海外，七省以为门户，久为他族所垂涎，日兵退后，“虽外患暂平，旁人仍虎视眈眈，未雨绸缪之计正在斯时”，主张应以办理日军侵台的善后事宜为契机，痛改过去因循守旧的做法，努力开创台湾建设的新局面。他一面奏准废除旧禁，招徕移民，开山抚“番”；一面增设府县，修筑炮台，整顿营伍，加强防卫力量。同时筹划开发台湾煤矿和敷设海底电报线。为了能有人主持百事待举的台政大局，沈葆桢经过再三考虑，于同治十三年十一月十五日向清廷上《请移驻巡抚折》，提出“宜仿江苏巡抚分驻苏州之例，移福建巡抚驻台”的主张。此折经吏部与总理衙门会议后同意“准将福建巡抚移札台湾地方”，但闽省督、抚存有不同意见，而清廷也认为“巡抚有全省地方之责，自难常川（连续不断）驻台”，最终采纳闽抚王凯泰的主张，于光绪元年（1875）十月三十日下颁的谕旨中提出折中的办法，令福建巡抚“冬春驻台，夏秋驻省”，两地兼顾。

尽管清廷在闽抚驻台一事上做出折中的决定，但福建巡抚毕竟有其全省事务需要办理，况且台省之间又有重洋隔阻，半年驻台，省台兼顾，在实行上确有不少困难。光绪二年（1876）春，新任巡抚丁日昌到闽后即因忙于整顿吏治和救灾而无法分身渡台。为了解决省台难以兼顾这一问题，同年十二月，刑部左侍郎袁保恒在《密陈夷务疏》中提出改福建巡抚为台湾巡抚的主张。疏中分析：“福建之台湾地虽僻处海澨（shì，水边），而物产丰富，为各国所垂涎”，“非专驻重臣，镇以重兵，举其地民风、吏治、营制、乡团等事实力整顿，洽以德意，孚以威信，未易为功。若以福建巡抚每岁驻台半载，恐闽中全省之政务，道里悬隔，而转就抛荒，台湾甫定之规模，去住无常，而终为具文。”进而提出将福建全省事宜归总督办理，改福建巡抚为台湾巡抚，常川驻守，经理全台。“庶事任各有攸司，责成即各有专属，似于台湾目前情形不无裨益”。李鸿章则认为“改福建巡抚为台湾巡抚，虽事有专属，而台事兵事、饷源宜与省城呼应一气，分而为二，则缓急难恃，台防必将坐困，亦非计之得者”，而表示反对。《申报》社论也认为此事“窒碍难行”、“设一巡抚仅管一府之地，……似亦不成政体”。总理衙门最后对袁折加以议驳，台湾设省的方案又一次被否定。

光绪十年（1884）中法战争爆发，法军采取“据地为质”的策略将战火扩大到闽台地区。闰五月，清廷派淮军名将刘铭传以巡抚衔督办台湾军务，率兵援台。刘铭传在十分困难的形势下，团结全台军民，坚持抗战，给法军以沉重打击，挫败了其占领台湾的企图。次年二月战事结束后，清廷诏沿海沿江督抚“切实筹办善后，为久远可恃之计”，再次进行加强海防的讨论，而建设海军、加强台防则成为本次讨论的重点。六月十八日，钦差大臣、督办福建军务的左宗棠上《为台防紧要，关系全局，请移驻巡抚以资镇慑而专责成》折，回顾分析了过去10年中各方先后提出的“巡抚分驻”、“省台兼顾”、“简派重臣”及“建省分治”等方案的利弊得失，指出“均不如袁保恒事外旁观，识议较为切当”；认为台湾“孤驻大洋，为七省门户，关系全局，甚非鲜浅，非有重臣以专驻之，则办理必有棘手之处”；所以，他建议“惟有如袁保恒所请，将福建巡抚改为台湾巡抚，所有台澎一切应办事宜概归该抚一手经理。庶事有专责，于台防善后大有裨益”。

同年八月二十二日，慈禧太后颁下懿旨：“海防善后事宜，著军机大臣、总理各国衙门王大臣会同李鸿章妥议具奏，醇亲王奕譞（xuān）一并与议。所有左宗棠等条奏各折片均著给与阅看。”

众大臣对左宗棠等人相关奏折进行传阅、会议后，于光绪十一年（1885）九月五日由奕譞、奕劻（kuāng）、世铎、李鸿章等16人联衔上奏。除一致认为“目前自以精练海军为第一要务”，拟先从北洋开办精练水师一支外，也同意左宗棠请将福建巡抚改为台湾巡抚的主张。同日，慈禧太后颁发了设立海军衙门及准将福建巡抚改为台湾巡抚的懿旨。历时多年的台湾建省一事终于确定下来。

台湾正式成为中国的一个行省，既是本身的开发、建设及社会经济发展的必然结果，同时也是加强海防建设、防御外来侵略的需要。台湾建省之后，朝廷仍强调须与福建联成一气，如甘肃、新疆之制，内外相维，不分畛域（zhěn yù，界限），两者“分而不分，不合而合”，巡抚关防称“福建台湾巡抚”。首任者刘铭传增设府县，招抚“番社”，修筑铁路，敷设电报线，清查田赋，整顿财政，兴办企业，提倡新式教育，加强海防建设，使台湾在短短数年之间由原来落后的边陲之地一跃成为我国最先进的省份之一。

作者简介

李祖基，1952年生，福建莆田人。现任厦门大学台湾研究院历史研究所所长、教授。著有《近代台湾地方对外贸易》、《战后台湾四十年》、《台湾历史研究》；主编《台湾研究25年精粹》（历史篇）；参与编撰《中国农民负担史》、《台湾历史纲要》、《福建移民史》；整理、出版了《台湾志略》、《巡台录》、《蓉洲诗文稿选辑》、《东宁政事集》、《“二·二八”事件报刊资料汇编》等台湾历史文献资料；并在海峡两岸学术刊物上发表台湾史研究的论文数十篇。

清代的达赖喇嘛

赵云田

达赖喇嘛是藏传佛教（俗称喇嘛教）格鲁派（亦称黄教）创始人宗喀巴的弟子，也是黄教的最高领袖之一，在蒙藏地区有很大影响。了解清代的达赖喇嘛，可以更好地认识清朝的藏传佛教政策、清中央政府和西藏地方的关系，以及西藏政教合一制度。

一、达赖喇嘛封号的由来

明万历六年（1578），三世达赖喇嘛索南嘉措（1543—1588）在青海和内蒙古土默特部俺答汗会晤，俺答汗赠送索南嘉措“圣识一切瓦齐尔达喇达赖喇嘛”尊号，索南嘉措赠送俺答汗“咱克瓦尔第彻辰汗”尊号。“圣识一切”意为“遍知一切”，“瓦齐尔达喇”是梵文“金刚持”的意思，“达赖”是蒙古语“大海”的意思，“喇嘛”是藏语“上师”之意。“达赖喇嘛”称号从此产生。索南嘉措之前的根敦朱巴（1391—1474）、根敦嘉措（1475—1542）两人，被分别追认为一世达赖喇嘛和二世达赖喇嘛。在索南嘉措的努力下，黄教迅速在内外蒙古地区传播。万历十六年（1588），明政府赐索南嘉措“朵儿只唱”（藏语，意为

"金刚持"）封号。

四世达赖喇嘛云丹嘉措（1589—1616）也生活在明朝。他是俺答汗的曾孙，是达赖喇嘛中唯一不出身于藏族而出身于蒙古族的人。明万历四十四年（1616），明政府赐云丹嘉措"普持金刚佛"封号。云丹嘉措死后的第二年，藏巴汗掌控西藏大权，黄教开始受压抑。

清代的达赖喇嘛从五世罗桑嘉措（1617—1682）开始。明崇祯十五年（1642），五世达赖喇嘛和四世班禅密邀厄鲁特蒙古（又称卫拉特蒙古，清代对西蒙古的统称）顾实汗进占西藏，杀死藏巴汗，控制了西藏地方。从此，五世达赖喇嘛受到尊崇，黄教得以复兴。

清政权还在关外时，外藩蒙古惟喇嘛之言是听，皇太极为了解决外蒙古的归附问题，便派使者到西藏，往召五世达赖喇嘛。顺治元年（1644），清朝定都北京后，顺治帝为了稳定蒙古地区的形势，又多次派人往召五世达赖喇嘛。顺治九年（1653）十二月十六日，五世达赖喇嘛到达北京，顺治帝在南苑亲自迎接。次年四月，五世达赖喇嘛离京返藏，途经代噶（今内蒙古自治区凉城县）时，清政府派礼部和理藩院官员前往赍（jī，把东西送人）送金册金印，册印上用汉、满、蒙、藏四种文字刻写着清政府对五世达赖喇嘛的封号："西天大善自在佛所领天下释教普通瓦赤喇怛喇达赖喇嘛"。从这个封号看，"西天大善自在佛所领天下释教"是清政府新增加的，"所"字限制了达赖喇嘛管辖藏传佛教的范围；"普通瓦赤喇怛喇达赖喇嘛"是沿用了俺答汗赠送索南嘉措的尊号；"普通"即"识一切"，"瓦赤喇怛喇"即"瓦齐尔达喇"。此后，历辈达赖喇嘛都必须经过清政府册封，成为定制，并延续上述封号，其政治地位也因此得以确定。清政府在册封五世达赖喇嘛的同时，还用金册印封顾实汗为"遵行文义敏慧顾实汗”。

二、真假六世达赖喇嘛之争

康熙年间，一度出现了“真假六世达赖喇嘛”之争，产生了三位六世达赖喇嘛，这和当时西藏动荡的局势有关。

康熙二十一年（1682）五世达赖喇嘛圆寂后，他生前委任的第巴桑结嘉措秘不发丧，并私立仓央嘉措为六世达赖喇嘛。统治西藏的和硕特蒙古首领拉藏汗（顾实汗曾孙）不予承认。康熙帝后来也称仓央嘉措为“假达赖喇嘛”。康熙四十五年（1706），仓央嘉措在解京途中，病死于青海。

拉藏汗袭杀第巴桑结嘉措后，在康熙四十六年（1707）立意希嘉措为六世达赖喇嘛，得到了康熙帝的认可，却遭到黄教上层僧侣和青海蒙古首领的反对。康熙四十九年（1710），黄教上层僧侣和青海蒙古首领以噶桑嘉措为仓央嘉措的转世灵童。此后，康熙帝册封噶桑嘉措为“弘法觉众”第六世达赖喇嘛，而意希嘉措则被送往内地。

噶桑嘉措圆寂后，乾隆四十六年（1781），乾隆帝封他的后世强白嘉措为第八世达赖喇嘛。这就意味着，清政府承认了仓央嘉措（1683—1706）为第六世达赖喇嘛，噶桑嘉措（1708—1757）是第七世达赖喇嘛。六世达赖喇嘛仓央嘉措一生致力于文学创作，写情歌近百首，描写男女恋情，讽刺封建礼教，具有一定的社会意义。

三、达赖喇嘛开始掌管西藏政权

清前期很长一段时间里，清政府在西藏实行政教分离制度，达赖喇嘛只是宗教领袖。

清初，清政府通过顾实汗家族间接统治西藏。康熙五十六年（1717），厄鲁特蒙古准噶尔部贵族侵扰西藏，杀死拉藏汗，顾实汗家族对西藏的执政结束。康熙五十七年（1718）、五十九年（1720），清政府两次派军进藏，驱逐准噶尔军，稳定西藏形势后，以康济鼐、颇罗鼐、阿尔布巴等人为噶伦（藏语音译，清西藏地方政府主管官员，共设四人），共同管理西藏政务。

雍正五年（1727）正月，鉴于西藏局势长期动荡不定，西藏噶伦之间互不协调，清政府决定派内阁学士僧格、副都统马喇前往西藏。六月，西藏噶伦之间矛盾激化，阿尔布巴等杀死了康济鼐。雍正六年（1728）五月，颇罗鼐为康济鼐报仇，俘获阿尔布巴，并会同已经到达西藏的僧格、马喇等人处死了阿尔布巴。清政府封颇罗鼐为贝子，后又封为郡王，总理全藏事务。为了加强对西藏的管理，清政府正式决定在西藏设立驻藏大臣正副二人，任期三年，僧格和马喇即为首任驻藏大臣。驻藏大臣的设立，表明清政府加强了对西藏地方的直接施政，标志着清朝统治西藏进入了一个新阶段。

乾隆十二年（1747），颇罗鼐病故，其子珠尔墨特那木扎勒袭封郡王。他妄图发动叛乱，并为此积极准备。乾隆十五年（1750）十月十三日，驻藏大臣傅清、拉布敦感到形势危急，便设计杀了珠尔墨特那木扎勒，但他们二人随后也被叛乱者杀害。七世达赖喇嘛配合清政府及时采取措施，很快平息了叛乱。乾隆十六年（1751），清政府颁布《酌定西藏善后章程》，对西藏行政体制进行改革，提高了七世达赖喇嘛的地位和职权，确定了由驻藏大臣和七世达赖喇嘛共同处理政务。从此，西藏实行政教合一制度，达赖喇嘛开始掌管西藏地方政权。

乾隆五十六年（1791），廓尔喀（今尼泊尔）人第二次入侵西藏，清军进行了胜利反击。战后，清政府决定对西藏事务进行一次彻底的整顿。八世达赖喇嘛强白嘉措（1758—1804）参加了这一工作，他和福康安等人一起按照乾隆帝的指示，议订了二十九条《钦定藏内善后章程》，对西藏的政治制度和宗教制度做了许多明文规定，进一步强调了由驻藏大臣和达赖喇嘛共同处理西藏政务。

九世至十二世达赖喇嘛都是年纪轻轻就去世了，有的甚至未及亲政。这一时期，清朝对西藏的统治每况愈下，英帝国主义借机加快了侵略西藏的步伐。

四、清政府对十三世达赖喇嘛的册封和贬黜

十三世达赖喇嘛土登嘉措（1876—1933）在光绪五年（1879）坐床时，清政府准许他用前辈的金印及封号。光绪二十一年（1895），十三世达赖喇嘛亲政。从光绪十四年（1888）至光绪二十九年（1903），英国先后两次发动侵藏战争。光绪三十年（1904）六月，英军兵临拉萨，十三世达赖喇嘛逃往青海，转赴外蒙古。七月十一日，清政府决定暂行革去十三世达赖喇嘛名号，但不久又恢复。光绪三十四年（1908）九月初四，十三世达赖喇嘛到北京觐见光绪帝和慈禧皇太后。十月初十，清政府加封十三世达赖喇嘛为“诚顺赞化西天大善自在佛”。宣统二年（1910）正月，清政府派川军进藏，抵达拉萨。十三世达赖喇嘛担心危及自己的权益，反对川军进藏，便逃往印度。清政府宣布革去其名号，黜为齐民。到了民国时期，十三世达赖喇嘛对帝国主义侵略有了新的认识，遂又逐渐加强与中央政府的联系。十三世达赖喇嘛的受封和遭贬，反映了帝国主义势力侵入西藏后，西藏地方和清朝中央政府的复杂关系，以及清政府对西藏的政策。

清朝的理藩院

赵云田

理藩院是清朝特设的管理边疆少数民族事务的中央机构，在清朝多民族国家发展巩固过程中起过重要作用，对其后中国历史的发展也产生过重要影响。

一、理藩院的设立和沿革

崇德元年（1636），清太宗皇太极改国号为“清”，建立清政权。这时，内蒙古各部已经归附皇太极。为了便于治理内蒙古各部事务，使其成为攻打明朝夺取中央政权的可靠后方和借助力量，皇太极除了封授蒙古各部首领以亲王、郡王、贝勒、贝子、镇国公、辅国公等爵位外，还特设了专管蒙古地区事务的中央机构“蒙古衙门”。此后，外蒙古、西蒙古各部也开始和皇太极政权发生关系。这样一来，蒙古衙门已不适应处理越来越多民族事务的需要。崇德三年（1638）六月，蒙古衙门更名理藩院。

清朝统治者把蒙古称为“外藩”，是相对于中原内地而言，即认为蒙古族居住的地区是中原内地的“屏藩”，地位非常重要。后来，清朝统治者又把新疆、青海、西藏等少数民族居住地区和蒙古地区一起统称为“藩部”。理藩院是清朝管理蒙古、新疆、青海、西藏等少数民族事务的中央机构，其重要性可想而知，故乾隆皇帝说："吏、户、刑三部及理藩院均属紧要。"

理藩院从设立到宣统三年（1911）清朝灭亡，其间276年，大体上经历了三个发展阶段。

崇德和顺治年间（1636—1661）是理藩院组织机构的创设阶段。蒙古衙门初设时，官员只分二等，即承政和参政。后来增加了副理事官和启心郎。顺治元年（1644），承政改为尚书，参政改为侍郎。顺治十六年（1659）闰三月，理藩院归礼部所属，尚书称礼部尚书，侍郎称礼部侍郎，同时保留副理事官、堂主事、汉院判、汉知事、汉副使等员。这一阶段，清政权正经历着从关外到关内的历史转变，为此不断完善国家政权组织机构，以适应进入中原内地后的新形势。在这样的变动中，理藩院也不能不受到牵动。

康熙、雍正、乾隆年间（1661—1795），理藩院组织机构渐趋完善。顺治十八年（1661）正月康熙皇帝即位后，清统治者认为理藩院专管外藩事务，责任重大，作礼部所属于旧制未合，以后不必兼礼部衔，仍称理藩院尚书、侍郎。同年八月，理藩院设立四司，即录勋司、宾客司、柔远司、理刑司。九月，鉴于理藩院职司外藩王、贝勒、公主等事务及礼仪刑名各项，事关重大，决定理藩院官制体统与六部相同，理藩院尚书照六部尚书，入议政之列，衔名列于工部之后，并增设郎中、员外郎、主事等官。康熙四十年（1701），柔远司划分为二：柔远前司和后司。雍正皇帝在位时开始以王公大学士兼理院事，理藩院受到更大重视。乾隆二十二年（1757），理藩院司属机构进行调整，改录勋司为典属司，宾客司为王会司，柔远后司为旗籍司，柔远前司仍为柔远司。平定霍集占兄弟叛乱后，遵照乾隆皇帝谕示，于乾隆二十六年（1761），将旗籍、柔远并为一司，并增设徕（lái，招来）

远司，专管回部事务。乾隆二十七年（1762），旗籍、柔远仍分为二司。至此，理藩院下属六司机构最后完备。

康雍乾三朝是清朝统一多民族国家发展进程中风云激荡的年代。作为主管藩部地区事务的中央机构，理藩院正是在处理错综复杂的民族事务中，在解决中央政府和少数民族的关系中，逐渐发展和日益完备的。

嘉庆朝（1796年始）以后到宣统三年辛亥革命爆发，是理藩院沿革史上的第三阶段。嘉庆七年（1802），木兰围场脱离理藩院管辖，隶属热河都统。光绪三十二年（1906），清政府宣布预备立宪，开始官制改革，理藩院更名理藩部，但司属机构仍沿袭旧制，只是把汉档房、俸档房、督催所等并入满档房，改名领办处，将原来蒙古官学扩充为藩言馆。光绪三十三年（1907），奏定理藩部官制，新设调查、编纂两局，附属领办处，后改归宪政筹备处。宣统三年，理藩部尚书改名大臣，侍郎改名副大臣。辛亥革命爆发后，清朝覆灭，理藩部机构也随之瓦解。

二、理藩院的内部机构及其职掌

乾隆年间理藩院机构最完备的时期，由四部分组成。中枢机构设尚书满洲一人；左右侍郎满洲各一人；额外侍郎蒙古一人，由蒙古贝勒、贝子中贤能者选任。直属机构包括旗籍司、王会司、典属司、柔远司、徕远司、理刑司，各司分设郎中、员外郎、主事、笔帖式。此外还有司务厅、银库、蒙古翻译房、满档房、汉档房、饭银处、当月处，也分设司务、郎中、员外郎、主事、笔帖式等。附属机构包括唐古特学、稽查内馆外馆、木兰围场、俄罗斯馆、托忒学、蒙古官学、喇嘛印务处、则例馆等，分设司业、监督、总管、教习、掌印扎萨克大喇嘛、纂修官、翻译官等。派出机构包括四川、陕西总督衙门蒙古笔帖式，科布多、乌里雅苏台兵差司员，西藏、西宁随印司员，恰克图、库伦管理买卖事务司员，张家口等处管理驿站员外郎，三座塔等处驻扎司官，察哈尔游牧处理事员外郎，宁夏等处理事司员，热河都统衙门理事司官等。由上可见，理藩院组织系统庞大，在编人员众多，实是清朝中央政府的一个重要机构。

理藩院职掌随其机构的不断完备，有一个逐渐扩大的过程。最初，只管理内蒙古诸部，并负责处理对俄外交。到康熙年间，管理范围扩及厄鲁特蒙古和西藏地区。乾隆朝中叶开始管理新疆回部及大小金川土司诸事。理藩院管理边疆少数民族地区事务，由中枢机构主管，直属机构按地区和不同内容分别执行。主要有以下几项：

参与议政和军事活动。理藩院大臣地位崇高，有的是内阁学士，有的在议政处行走，有的是军机大臣，还有的直接兼任地方大员，统掌一方军政事务。他们经常参与国家大政方针的讨论和执行，为清朝军国要务，特别是对边疆少数民族地区的统治筹划谋略。理藩院参与军事，主要表现在对各族上层分子叛乱活动的镇压。对平叛中有功官兵的提职和奖赏，理藩院要提出初步意见，供皇帝参考。

审理刑事诉讼案件。理藩院会同刑部制定少数民族刑法，审理少数民族地区发生的刑事诉讼案件。清朝在少数民族地区颁行有《蒙古律》、《番律》、《回律》等。蒙古地区的刑事诉讼，一般案件为各旗扎萨克审理，不能决的报盟长会同审讯；再不能决的，或判断不公，即将全案送理藩院派出机构审理。有些案件也可直达在京师的理藩院审理。判刑时，流放罪要报理藩院会同刑部议定，死罪要会同三法司定谳（yàn，审判定罪）。

管理藏传佛教事务。内容包括：负责京师、蒙古、青海、西藏等地区所有转世活佛的登记造册；掌雍和宫金奔巴瓶掣签，决定京师、蒙古、青海等地区的活佛转世；给予喇嘛度牒、札付，办理敕印；办理呼图克图喇嘛的年班、请安，达赖喇嘛、班禅额尔德尼进贡，在京喇嘛考列等第、升迁、调补，以及奏请寺庙名号和寺庙工程。

此外，理藩院的职掌还包括：赈济灾荒；办理满蒙联姻；管理会盟、驿站，稽查蒙古地区户丁；管理各旗疆界，调解各部纠纷以及管理少数民族王公朝觐（jìn，朝见）、贡物、燕赉（lài，燕赉，指皇帝赏给少数民族王公们的绸缎和银两）、廪饩（lǐn xì，往返路程的食宿费用）、封爵和俸禄。

三、 理藩院的历史作用

1644 年清军入关，内蒙古诸部纷纷率师相从，理藩院的活动加速了清朝统一全国的进程。理藩院官员经常参与清政府的议政和军事活动，和形形色色的分裂势力进行斗争，维护了清朝封建国家的统一。调解蒙古各部各旗因争夺牧地而发生的纠纷，有利于蒙古各部的稳定。理藩院为中华民国时期蒙藏委员会的成立提供了借鉴。

清朝在南疆的军政隔离制度

杨　恕

乾隆二十四年（1759），清统一新疆。新疆统一后，清政府没有像对蒙古族那样，实行民族团结和融合政策，反而在南疆地区实行军政隔离制度。这一制度的贯彻和长期实施，不仅不利于促进内地与新疆之间的联系和交流，反而使当时的维吾尔人对清朝难以形成国家认同，并为外敌入疆埋下了隐患，从而对近当代的新疆政治和文化产生了重要而深远的影响。

清朝统一天山南北之前，维吾尔族即大多信奉伊斯兰教，他们的社会文化习俗与内地差异很大。统一南疆后，为了加强在该地区的统治，清朝在军事、行政、经济、社会文化等方面采取了一系列措施，同时又在该地区实行了严厉的军政隔离制度。主要体现在以下几个方面：

1. 行政方面。保留了南疆旧有的伯克制度（伯克为维吾尔音译，清代新疆维吾尔族官名。官员均称伯克，其职以号为别），并对伯克制度进行了一些重要改革，使其成为清政府在当地的一种基层行政体制。在伯克制下，各地的办事大臣并不直接过问当地的民政事务，而是通过各级伯克实行间接统治，普通的维吾尔族人很难与驻当地的大臣发生联系，以致当地维吾尔族人只知伯克，不知清政府，整体的国家意识相对淡薄。加之伯克们往往欺下瞒上，这也成为后来回乱发生的一个原因。此外，南疆维吾尔族各级伯克的品级都很低，且任职地区仅限于南疆，不能进入中央或内地任职。

维吾尔族上层人士受封爵位进入清朝中央决策圈的例子几乎没有。在清朝统一新疆的过程中立下功劳的吐鲁番和哈密两地的维吾尔贵族，虽受清廷优待，但受封的最高爵位也不过郡王而已。吐鲁番额敏和卓因功被封为镇国公，以后又累封为固山贝子、多罗贝勒、多罗郡王，他的两个儿子被封为辅国公；哈密的伯克额贝都拉之孙额敏受封镇国公，后晋封为固山贝子，额敏之子及孙受封郡王。这些被封爵的维吾尔族上层人许多被迁往北京，处于清廷严密监控中。

2. 军事方面。清朝在新疆实行军政合一的军府制。在伊犁设伊犁将军统辖天山南北的驻防，兼管全疆的行政事务；在南疆地区，于喀什噶尔设置总理南疆事务参赞大臣，管辖南疆。在军事体制上，清朝在南疆实行换防制，一般三、五年换防一次；在南疆各地分建“汉城”和“回城”，严格限制汉回两城人员往来。清朝在南疆实行军事隔离政策，其主要目的在于加强其对南疆的控制。但是这种政策也造成南疆各民族间的隔阂，对日后形成了不利影响。换防制的实行及分城而居的政策，使换防军队很难与当地维吾尔族发生联系，促进相互了解，使防务无法扎实生根。另外，清朝对南疆的战略意义重视程度不够，派往南疆的换防官兵人数少，特别是精锐的八旗兵很少，加之各支军队驻地分散，相距遥远，战时很难相互策应支援形成有效的防卫。后来张格尔、阿古柏等窜入南疆作乱并迅速发展，与清朝在南疆实行的军政隔离制度不无关系。

3. 经济方面。清朝在南疆实行了特殊的经济隔离制度，主要体现在三个方面：保留南疆旧有的货币普尔钱；限制维吾尔族与其他民族的经济交往；限制汉人进入南疆经商、屯垦。清朝在南疆实行的经济隔离，虽维护了南疆经济的稳定、有利于满族人统治，但同时也阻隔了南疆与外界的经济政治和文化交流，阻隔了维吾尔族对汉族及其他民族的认知了解，更为严重的是它延缓了南疆社会发展的进程。

4. 社会文化生活方面。清朝的隔离措施主要体现在：严禁回、汉通婚；严禁维吾尔族学习汉语文；不要求普通维吾尔族留发辫；汉人、维吾尔族分居于“汉城”、“回城”。社会文化领域的隔离，强化了伊斯兰教在当地维吾尔族中的影响，严重限制了他们与汉人血缘融合的机会和接受汉文化浸润的机会，使其缺乏对中华民族大家庭的认同。

与上述情况完全不同的是，清廷对蒙古人采取了迥异于维吾尔族的政策。由于生活地域相邻、文化及生活习俗相近，满族人与蒙古人在清朝入关以前就结成了紧密的政治军事同盟，这种关系在满人入关及建立政权的过程中得到进一步加强。为笼络蒙古人，清朝给予他们种种优惠政策：

1. 在政治方面，大量蒙古人进入清统治上层，并发挥了重要作用。清廷对蒙古封建主分别加封亲王、郡王、贝勒、贝子、镇国公、辅国公六等爵位，且不论执政与否，其领主身份和爵位都是世袭的，并享有特权。据《清代职官年表》统计，清代京城各重要衙门任职的八旗蒙古官员，官至内阁大学士的有 10 人，内阁学士 41 人，军机大臣 9 人，军机章京 54 人，六部尚书 22 人，六部左右侍郎 57 人。此外，理藩院、都察院、翰林院等重要部门也有八旗蒙古多人次担任要职。

2. 在军事方面，蒙古人大量参军，组成蒙八旗军队，与满八旗共同构成了清朝国家正规军的精锐。他们随满族八旗南征北战，共同开拓了清朝广阔的疆域。清朝确立了在全国的统治后，蒙古军队又驻扎在全国各地。清代共有16位八旗蒙古军人分别出任过湖广、两广等地总督，有22人分别出任过湖北、四川等13省巡抚，还有多人次出任布政使、按察使、学政等地方要职。

3. 在社会文化方面，清朝在入关前即将满蒙通婚作为一项基本政策确定下来。据清朝皇家族谱《玉牒》记载：满蒙联姻共595人次，其中出嫁给蒙古的满族格格达432人次，娶蒙古王公之女的满族贵族163人。两族联姻时间长达300年。此外，清廷还鼓励蒙古贵族子弟学习汉文化，通过参加科举制度进入统治阶层；在各地开设学堂帮助蒙古子弟学习儒家经典古籍，许多蒙古上层王公贵族子弟还被送往北京皇宫与满族皇子共同接受宫廷教育。

满族人作为少数民族入主中原以后，继承了前明的科举制、行省制、三省六部制等各项制度，并且开办学堂培养精通汉满事务的人才。雍正、乾隆两朝及以后，清政府的官方语言和满族普通民众的生活习俗越来越受到汉文化的影响。至晚清，清朝官方文化已经完全汉化。满族人在向汉族学习的过程中，不仅提高了文化素质，还使满汉民族之间的差异越来越小，逐渐有了共同的文化和共同的民族心理，最终走向民族融合。蒙古人、特别是其上层，在清廷接受汉文化并使其成为主流文化的过程中，在很大程度上融进了这一进程。这是一个非常重要的历史过程。

总之，由于清朝对新疆独特的历史文化现实和特殊的地理位置缺乏足够的认识和重视，只是出于维护清朝统治，防止汉、维吾尔等被统治民族联合反抗清廷统治的考虑，在新疆实行了严厉的军政隔离制度。这造成了长期的恶果，使南疆一直未能在政治、经济、军事、社会、文化等方面与内地实现融合，使维吾尔族在清帝国一直处于一种边缘状态，不仅不利于南疆维吾尔族形成对统一的多民族国家的认同感，不利于祖国的团结与统一，而且最终还威胁到了清廷对南疆的统治，这为后来乃至当代的新疆民族关系留下了隐患。

应该看到，文化差异是分裂的基础，清朝在新疆的隔离制度是促成新疆分裂主义产生的早期深层原因之一。

作者简介

杨恕，1947年生于河北清河。曾任驻苏联大使馆教育处三等、二等秘书，兰州大学副校长；现任兰州大学中亚研究所所长，国际政治系教授，博士生导师；兼任俄罗斯东欧中亚学会副会长、全国高校国际政治研究会副会长、中国上海合作组织研究中心常务理事等职。主要从事中亚问题、新疆问题、恐怖主义及地缘政治学研究。发表论文80余篇，专（译）著7部。

清朝的北疆边境巡视制度

宝音朝克图

从17世纪中叶起，沙俄扩张势力逐步逼近中国北疆（本文指清代的东北、北部和西北边疆），清王朝遇到严重的边疆危机。经过二百余年的交涉，清政府与沙俄划定了中俄东、中、西北等各段边界，并采取“卡伦”与“察边”两种边境巡视措施，以期巩固北疆边防。

卡伦是清代特有的、具有诸多功能的驻守或执勤据点，分为内地卡伦和边境卡伦，边境卡伦具有鲜明的边境巡视职能。早在康熙朝初期，清朝北疆已设有边境卡伦，定有处罚“出卡伦逃往外国”等非法越界行为的条款。边境卡伦设在边界线内侧，沿着边界线由诸多卡伦连成一条列状，形成一条漫长的“卡伦路(线)”。相邻两座卡伦之间的“适中隙地”堆石设一卡界标记，称“会哨鄂博”。卡伦与其会哨鄂博之间的卡伦路称“开齐”。卡伦官兵被派遣到卡伦执行巡逻称为“坐卡”，坐卡官兵沿着开齐逐日行进巡逻，到会哨鄂博与邻卡官兵会哨，互相沟通，“以期声息灵通”，这一巡逻过程称“走开齐”。卡伦官兵坐卡期间的义务是要巡查该卡界内有无中外边民私自越界、经商；有无外国人越界居住、开垦、放牧、采矿，或打草、狩猎等行为；查验往来行人有无合法执照和其去向及目的。若遇可疑之人即行捉拿，送卡官，呈报有关部门处理。

卡伦有其严格的管理制度。坐卡官兵尽量拣选熟悉该卡伦巡逻范围内的地形、居民、通道等情形之人，坐卡兵丁人数一般少者几人，多者几十人。坐卡实行轮班制，一般有一月一换、两月一换、三月一换、一年一换或按气候变化派驻或撤回等不同周期。轮班官兵要及时到达指定的卡伦接班，坐卡期间不得误期、旷职或失察。

为了加强卡伦的管理，上级对卡伦弁兵的执勤情况定期进行监督和检查，称为"巡查卡伦"。首先，要巡查所用兵器等是否齐全、完好；有无旷班或擅自离岗；巡查记录和汇报情况是否属实；卡界内有无越界等非法现象等。其次，要巡查会哨木牌情况。要求邻卡官兵在鄂博会哨时互换木牌，并将另一块木牌挂在鄂博上，作为每次完成巡逻会哨任务的凭证，以期杜绝"徒具其名，驻卡充数"。如巡查出相关问题，坐卡官兵将受到处罚。《理藩院则例》中有"卡伦官兵等旷职误期，佐领革职，罚三九牲畜；骁骑校革职，罚二九牲畜存公；披甲人等鞭一百"；未到指定的卡伦接班者，"章京、骁骑校革职；披甲人等鞭八十"；所用兵器不全或有损则"卡伦章京、骁骑校罚二九牲畜，存公；披甲人等鞭八十"；坐卡期间"失察之佐领、骁骑校罚一九牲畜，存公"等专项条款。

"巡查卡伦"成为从中央到地方层层监督，逐级落实的金字塔形的管理制度。其一，清朝政府直接派卡伦侍卫等专员对各地卡伦进行巡查。其二，清廷令将军等地方最高军政长官定期对所辖卡伦进行巡查。比如，规定每届新任乌里雅苏台将军到任后要立即亲往巡查所属卡伦，每隔三年再查一次。其三，将军及其所辖地方长官分别依次令各自下属地方长官定期巡查各分管卡伦。比如，乌里雅苏台将军令科布多参赞大臣每年春秋两季对所管卡伦各检查一次，以此类推。其巡查的周期自上而下逐渐缩短，巡查次数逐步递增。

“察边”也是清代边境巡视中的重要措施之一。清政府在中俄国界线上立石碑或鄂博等界标，定期派兵前往查看界标及其周边情况，谓之“察边”。清廷要求若干个察边部队以固定的周期和时间，沿着各自指定的路线分头行进，途中查看各管边境区域内的界标有无毁损，有无内外民众擅自越界，边境线内是否有俄罗斯人等越境建盖房屋、开垦、放牧、采矿或经商等情况，一路巡逻到预定之处由相邻两支察边部队会师，相互沟通，事后将巡查情况向有关部门汇报。在东北，每年五六月份，齐齐哈尔、墨尔根、瑷珲等三城各派出协领一员，佐领、骁骑校各二员，兵240名，分三路至格尔毕齐河、额尔古纳河、墨里勒克河、楚尔海图河等地巡视。为此规定，齐齐哈尔城出兵巡视格尔毕齐河和额尔古纳河一带，墨尔根城出兵巡视墨里勒克河一带，黑龙江城出兵巡视楚尔海图河一带，并明确规定，巡视途中，齐齐哈尔城和黑龙江城协领所率两支部队分别在预定的地点与墨尔根城协领所率部队会师。在漠北，乌里雅苏台将军每年五月间派杜尔伯特协理台吉一员，兵80名，阿勒泰乌梁海章京一员，兵10名至卡伦外俄罗斯交界哈克诺尔地方搜查一次，并在此处与由喀尔喀札萨克一员，兵20名组成的另一察边部队会合。在西北，伊犁将军每年一次派部队对吹河（今楚河）、塔拉斯河一带进行巡查。

察边也有其严格的管理制度。除察边周期、时间和路线、会师双方等既定条款之外，还规定：每届新任将军等地方最高长官到任后须亲自前往察边；察边部队在边界与另一方部队会师后，必须“各书衔名月日于木牌瘗（yì，埋藏）山上，明年（次年）察边者取归，以呈将军、副都统，又各瘗木牌，以备后来考验，此为定例”；“察边之事岁于七月内咨报理藩院，而边界清谧，例于年终专折奏闻”等。这一切均作为考核各级军政长官和兵丁功过的重要条件，若出现失误，相关官兵将受到严惩。

清代卡伦和察边这两种不同形式的巡边制度，在守护或巡逻边界的职能方面具有共性，但在形式、做法，以及功效等方面二者却存在着较大差别。其差别是：

一、巡逻的时间和周期不同。卡伦官兵长年在指定的居点一直轮流驻守，沿开齐逐日进行巡逻。而察边部队则以一年或三年等较长的时间为一个周期，每一周期内只前往边界巡逻一次，每次巡边的时间只有一到两个月。

二、巡逻的区域不同。边境卡伦一般均设在边境线内侧，而且远离边境线数十里或数百里，故其巡逻范围一般限定在卡伦与卡伦之间的直线区域，除了少数卡伦之外，驻卡官兵没有义务或权力到边界线上去巡视。与此相反，察边部队则专门前往边界线，巡视界标及其周边区域。

三、所发挥的职能不同。边境卡伦的职能相对宽泛，除了执行巡边任务之外，还具有长年担负稽查边界贸易或游牧、查拿盗贼或逃犯、征收赋税、传递文书等多种义务，发挥类似当今派驻边境地带的边防哨所、公安派出所、海关、工商、税务、通讯等部门所具有的职能，某些方面拥有一定的裁决权。而察边的职能则相对单一，虽然有时也顺便处理一些相关事宜，但主要是发挥定期巡边的职能。

综上所述，卡伦和察边在清代的边防中凭其各自的功能，互补缺陷，共同承担起巡边的重任。卡伦因常年驻守边境一带，对境内外各类违法者具有很强的威慑力，同时，能够及时发现和阻止非法行为的发生，随时通报或处理各类案件，巡边效果相对显著。而察边则由于其巡边的周期和方式等原因，不能保证边境地区的长期安宁。比如，东北地区最初每年只察边一次，而每次往返只需要五六十日。有些地区则每隔2—3年才有一次察边。因此，边界地带长期陷入闲置状态，难以防御和杜绝外国势力或双边民众的越界等非法活动。同时，也不难看出受当时的交通等各种条件约束，多数卡伦远离边境线而设，有的离边界远达数百里，卡伦与边境线之间的空闲地带成为各种非法活动滋生和猖獗的土壤，给沙俄等列强提供了得寸进尺的可乘之机。

清政府之所以同时采取两种不同形式的巡边措施是有其内在的原因的。清代版图辽阔，边境地区地广人稀，边境线甚长，交通也不便。加上当时经济发展水平较低，清政府没有足够的人力和财力实施整个边境线附近设卡巡边，因此，只好以定期察边来补救无法设卡的弊端。

清朝是中国历史上最后一个封建王朝，清代卡伦与察边这些巡边措施的利弊，以及二者之间如何进行整合等问题仍值得我们借鉴和思考。

作者简介

宝音朝克图，1962年生，蒙古族，内蒙古人。历史学博士，中国人民大学历史学院清史研究所讲师。主要从事蒙古史、清代边疆民族史方面的研究，著有《清代北部边疆卡伦研究》（专著），以及相关学术论文十余篇。

1874年中日《互换条约》评析

陈在正

日本自1868年明治维新后，国力增强，便开始向外扩张。1874年以琉球国（位于中国台湾省以东、日本西南的群岛上，时为中国的藩属国）及日本备中州两起船难事件为借口出兵台湾，是其南进政策的一次实施，也是对中国领土主权的一次严重侵犯。

当清廷闻悉日本出兵台湾后，便派沈葆桢为钦差办理台湾等处海防兼理各国事务大臣，赴台办理。沈抵台后遂积极部署南北防务，并先后奏调洋枪队增防台湾，意使日方认识到，长期占领台湾并非易事。鉴于武力侵略之路已行不通，日方便主要寄望于外交谈判解决问题。而清政府在加强战备的同时，也一贯寄望于外国能出面交涉或调停。双方均愿息战求和，也都愿做出让步。所以在英使调停下，终于10月底达成协议，于10月31日签订了中日《互换条约》，其内容如下：

> 兹以台湾生番曾将日本国属民等妄为加害，日本国本意为该番是问，遂遣兵往彼，向该生番等诘责。今与中国议明退兵并善后办法，开列三条于后：（一）日本国此次所办，原为保民义举起见，中国不指以为不是。（二）前次所有遇

害难民之家，中国定给抚恤银两。日本所有在该处修道、建房等件，中国愿留自用，先行议定筹补银两，别有议办之据。（三）所有此事两国一切来往公文，彼此撤回注销，永为罢论。至于该处生番，中国自宜设法妥为约束，以期永保航客不能再受凶害。

另有《互换凭单》，规定中国先准给抚恤银 10 万两，日军于 12 月 20 日全行退出后，中国准给日本在台修道、建房等费用银 40 万两。条约签订后，日军于 12 月 20 日全部退出台湾，中日台湾事件宣告结束。

长期以来，中外学者多数认为《互换条约》中有“台湾生番曾将日本国属民等妄为加害”，“日本出兵原为保民义举起见，中国不指以为不是”等内容，是断送了琉球的主权，是承认日本出兵台湾的正当性。得出这样结论的原因之一，在于他们把琉球国漂民被杀作为日本出兵的唯一原因。因此认为条约中“日本国属民等”指的就是琉球国遇难漂民，得出了断送琉球主权的错误结论。同样把“原为保民义举起见，中国不指以为不是”，理解为是断送琉球主权，并承认日本侵台的正当性。史学界的上述看法，显然对条约内容作了严重的扭曲，应加辨明。

究竟“日本国属民”及“保民义举”之“民”，是不是专指琉球国漂民呢？1874 年 2 月日本提出的《台湾番地处分要略》内部文件中，只提出兵是为了“报复杀害我藩属琉球人民之罪”。但他们很快认识到仅仅因琉球国漂民遇难而出兵的借口是站不住脚的，同年 4 月给西乡从道的诏谕中，已将出兵理由改为：明治四年（1871），“我琉球人民漂流至台湾番地，为当地土人所劫杀者达五十四人”；又明治六年（1873），“我小田县下备中州浅口郡居民佐藤利八等四名漂流其地，衣类器财亦被掠夺”。4 月 13

日西乡给闽浙总督公开照会亦琉球与备中州两案并提。以后所有给中国的照会、函件以及日军在台湾登陆后的安民布告也都一直两案并提。而中方给日方的历次照会以及在谈判桌上的辩论，也都两案并驳。中方一再指出琉球是中国藩属，与日本无干，始终没有承认琉球漂民是日本国属民，照会及谈判中始终把琉球国民与日本人民严格区别。

经过双方数次辩论，中方的观点占了上风，日方最终不得不做了让步，因此条约中只字没有提到琉球或琉球漂民。说条约断送了琉球主权，是没有法理根据的。

《互换条约》中虽没有只字提到琉球，但琉球漂民遇难问题毕竟是日本出兵的一个借口，辩论中不可能完全避开。在后期的争论中，双方都力图避提“琉球漂民”，一般都是提“漂民”、“遇难船民”等笼统的字眼，实际上是指所有被杀被劫的漂民，即既包括日本小田县民，也包括琉球船民。这些笼统含糊的提法，与后期清廷官员对中、日、琉关系的看法有所变化有关。

琉球中山王国早在明初就向中国称臣纳贡，其历代国王均受中国皇帝册封，为我国外藩。但至明末，萨摩藩（当时日本主要藩国之一）以武力侵入琉球，以后亦视琉球为自己“属国”。而中国政府对琉球与中、日实际已存在的两属关系，却茫然不知。经过多次辩论，中方也已承认琉球是与中、日两国都有往来的邻邦，也可以说实际已默认琉球与中日的“两属”关系。由于琉球漂民54人被杀是日本出兵的一个重要借口，双方要想避开这一问题也很困难。因此中方在“义举”上大做文章，让日本可以下得了台。这在10月20日与大久保第六次谈判中，中方所提《节略》共五条的内容可以看出。《节略》指出：“我们因贵国兵丁到台湾，本衙门并不较量此事，在中国已难以对天下人矣，幸而从前贵国有义举之说，此时作为贵国先不知番土系中国地方，故为复仇仗义而来。今日既知系中国地方，中国又允为自办，又为修好仗义而去。有此名目，在中国尚有说以解。”又指出：“贵国仗义而来已为荣矣，仗义而去则更荣矣。……中国地方之番民，竟被他国带兵来查办，请问中国辱不辱，一辱岂肯再辱。”所以“保民义举”的“民”是可以包括小田县及琉球国遭难漂民，实际上琉球有 54 人被杀，占更重要的地位。所谓“义举”，指“复仇仗义”，可以包括为友好邻国打抱不平，但“复仇仗义”也不能侵越中国版图，这应是日本的不是。当时中国急于和平了结，强调睦邻为重，“总抱定和好之意”，对日本采取“予以体面，不令认错”的方针，并给予丰厚的抚恤金和营地的修建费，做了很大的让步。而当时日方内外交困，更急于体面收场，同样也做了很大的让步。大久保在 9 月 19 日的第三次谈判中已承认“日本视生番虽属中国管辖，其人凶顽”，所以出兵。在 10 月 18 日的第五次谈判中，大久保又承认“日本此举非贪土地，非为钱财，总是为人命至重”。经过辩论说明，承认“生番”地方属中国，表示“中国之政教实不实，此后亦不再提”。在 10 月 20 日的第六次谈判中，对包括“生番”地区“地属中国”的《办法》四条，表示“一二三四条都明白，都相信”。在 10 月 23 日的第七次谈判中，又表示来华后“听了许多议论，心非木石，岂不明白”，所以来北京后“就不说生番是无主野蛮了”。后期谈判中，在中日双方互相让步下，终于达成协议。

在《互换条约》中，明确规定：“该处生番，中国自宜设法妥为约束”，日本公开承认“生番”住区属中国领土。在整个谈判过程中，中国始终没有承认琉球漂民是日本属民，条约中也没有半字提及琉球。大久保本人“在签约后在自己 12 月 15 日的记载中，也表示中日《北京专约》内容与日本对琉球主权的声明拉不上法理关系”（黄康显主编：《近代台湾的社会发展与民族意识》第242—245页，香港中华书局1987年版）。而且正如沈葆桢指出的，“琉球虽弱，亦俨然一国”，且分别于1854、1855、1859年与美、法、荷等国签订条约，具有独立国地位，中国也无权出卖琉球的主权。

但是，日本后来却确实利用《互换条约》作为并吞琉球的借口。1875年3月，大久保听从法籍法律顾问巴桑拿的进言，开始将1874年《北京专约》暧昧的条文诠释歪曲，“解释成保民义举乃中国承认琉球属日，以便作为日本对琉球侵略的张本及所谓法理根据”（黄康显主编：《近代台湾的社会发展与民族意识》，第246页）。但借口不等于事实。盖日本自明治维新以后，国力日强，便主张向外扩张，而琉球首当其冲。先废王改藩，后复废藩置县，并吞琉球。

琉球系由于日本蓄意侵略而亡，并非中日《互换条约》所断送。

作者简介

陈在正，1926年生，福建闽清人。厦门大学台湾研究院教授，先后兼任厦大历史系主任、台湾研究所所长。长期从事中国近代史及台湾史的教学和研究工作。主编《清代台湾档案史料丛刊》、《台湾历史研究丛书》；专著《台湾海疆史研究》、《台湾海疆史》、《李友邦传记与台湾近代史》；发表有关台湾政治史、海防史、移民史等方面的论文60多篇。

清末张荫棠的藏事改革

周　源

清代传统的治藏方式是驻藏大臣总揽大权，优崇黄教及其大活佛（达赖喇嘛、班禅额尔德尼），实行政教合一的地方管理制度。一般认为，在中国古代史上，清代中央政府对西藏地方的主权管辖达到高峰。

随着清朝从“康乾盛世”的顶峰跌落下来，清政府对西藏的统治也开始走下坡路。特别是近代以降，长期处于内忧外患之中的清政府无暇西顾，对西藏的治理日益疲软，所派遣的驻藏大臣基本是三四流角色。他们大多视赴藏就任为畏途，昏庸无能，致使清中央政府在西藏的权威日益低落，而西藏地方势力则尾大不掉，对中央政府的离心倾向逐步抬头。特别是到了19世纪末20世纪初，由于英、俄帝国主义插手西藏，形势愈发危急，传统的治藏模式已难以奏效。在此内忧外患交相困扰的局面下，改变传统的治藏政策已迫在眉睫，张荫棠的藏事改革应运而生。

沙俄是英国争霸亚洲的主要对手，久欲南下印度洋，染指南亚次大陆。十三世达赖喇嘛的近侍、亲信，俄国布里亚特蒙古人德尔智利用西藏地方上层人士的仇英情绪向达赖游说，声称沙皇笃信佛教，俄国是世界上最强的国家，英国害怕俄国，鼓动达赖喇嘛向沙俄寻求援助以抵抗英国的侵略。1898—1902年，德尔智

4次率“西藏代表团”赴俄，为达赖喇嘛和沙皇政府牵线搭桥。如果西藏成为沙俄的势力范围，势必对英属印度的安全构成严重威胁。

黄教的另一个大活佛九世班禅因与十三世达赖存在权力冲突，受到西藏地方政府的挤压，且认为清政府不足依恃，遂利用达赖外逃、西藏出现某种权力真空之机主动向英国政府示好，寻求英国的支持。

光绪三十年（1904），英国政府从地缘政治的需要发动了第二次侵藏战争，占领拉萨，达赖被迫逃往外蒙，寻求沙俄政府的支持和庇护。英国迫使西藏地方政府签订了《拉萨条约》，但清政府不予承认，并派唐绍仪为全权代表赴印度加尔各答与英国政府谈判修约。后唐绍仪因病回国，随团参赞张荫棠主持谈判。

谈判期间，张荫棠从英印政府官员那里了解到清中央政府在西藏的权威式微，“驻藏两大臣，徒有办事之名，几同守府，已为藏人所轻视。政权多出于藏僧之手，遇事掣肘，莫能过问”。更为严重的是，十三世达赖喇嘛和九世班禅此时均已背离中央政府，分别投靠俄、英帝国主义。

张荫棠在与英国政府代表折冲樽俎（zūn zǔ，折冲樽俎意为酒席宴间制敌取胜，特指外交谈判）的同时，密切关注西藏事态的发展，对中央政府在西藏的统治危机深感忧虑。

1905年底，班禅罔顾清廷禁令，与英方密谋，欺瞒驻藏大臣，私赴英属印度。张荫棠通过自己的情报渠道，“探闻印政府拟令班禅请英扶藏自主，归英保护。俟回藏将中国不能治藏，令藏不能不图自治情形宣示全藏，以成独立。英人谓班禅将来不免举兵驱杀汉官”。

对此，张荫棠大为震惊，深感改革、整顿藏事已刻不容缓，遂于1906年1月7日急电清廷外交部称：“英深知班禅与达赖不睦，怂令班禅回藏，滋生事端，英藉保护进兵，则全藏危矣。若待变象已见，即百计补救亦属无济。我国整顿藏事，迟早皆应举办。今事机迫切，尤为刻不容缓。”张荫棠的警示引起中央政府的高度重视，令其赴西藏“查办事件”，于“藏中应行布置一切，并即悉心经画，随时详晰具奏”。

张荫棠1906年11月底到达拉萨后，发现“今藏中吏治之污，弊孔百出，无怪为藏众轻视而敌国生心”，以至“达赖丑诋（驻藏大臣）为熬茶大臣，日行骄蹇（jiǎn，骄蹇，傲慢之意），一切政权得贿而自甘废弃”，遂使中央政府对西藏的统治被消弭于无形。他对此局面痛心疾首。于是，赴任伊始，他就雷厉风行地整饬吏治，参革、处分了以驻藏大臣有泰为首的一批昏庸误国、劣迹昭彰的汉藏官员，使藏中人心为之一振，中央政府的形象得到改观，权威逐渐得到恢复，为改革藏事打开了局面。

张荫棠于西藏兴革殚精竭虑，擘画（bò huà，筹划，布置）周详，令人耳目一新。而其要旨，是从大处着眼，改革西藏的政治体制，实行“政教分离”，以达到“收回治权”，即加强中央政府对西藏的主权管辖的目的。

早在印度谈判期间，张荫棠即就藏事改革提出建议：“拟请奏简贵胄总制全藏，一面遴选知兵大员，统精兵二万，迅速由川入藏，分驻要隘。所有一切内政外交，均由我国派员经理，并次第举行现办新政、收回治权。其达赖、班禅等，使为藏中主教，不令干预政治。”

张荫棠在藏期间，继续丰富、充实“政教分离”、“收回治权”的藏事改革方针。他在上外务部《收回政权经营西藏条陈》中提出：“拟达赖、班禅优崇封号，厚给廉俸，如印度各藩王之制。照旧复立藏王体制，视达赖专营商上事宜而以汉官监之”，“拟请特简亲贵为西藏行部大臣，或就国，或遥领……另设会办大臣一员，统治全藏。下设参赞、副参赞、参议、左右副参议五缺，分理内治、外交、督练、财政、学务、裁判、巡警、农、工、商、矿等局事务。其亚东、江孜、札什伦布、阿里、嘎大克、察木多、三瞻、三十九族、工布、巴塘等处，酌量设道、府、同知，均用陆军学堂卒业生督率番营官治理地方，兼办巡警、裁判，均优给廉俸。查番营官分治内地之州县，每有番官之地，应各设一汉官，以资控制”。

1908年初，张荫棠离任前再次强调，“百年以来，驻藏大臣久已放失政权，非改革官制不足耸视听。拟将驻藏大臣、帮办大臣两缺裁撤，改设行部大臣，似宜特简亲贵或内外文武兼资大臣，畀（bì，给予）以重权，便宜行事，以资镇慑。所有达赖、班禅等均归节制，以重事权而定主国名义”，而“达赖、班禅拟请赏加封号，优给厚糈（xǔ，粮食），专管黄、红教事务”。

总之，针对长期以来，清中央政府在藏军政力量衰微，地方势力尾大不掉，自外生成，导致列强窥伺、外患不已的危局，张荫棠强烈要求清政府未雨绸缪，防患未然，通过委派重臣直接负责西藏事务、改革西藏官制、派重兵入藏等措施，加强中央政府在西藏的军政实力，达到加强中央政府对西藏的主权管辖的目的，为在西藏推行符合历史进步潮流的各项改革措施创造条件。而要做到这一点，必须实行“政教分离”。建议给予达赖、班禅等大活佛崇高的封号和优厚的待遇，但他们只能专理教务，不得干预政治，以结束此前十三世达赖喇嘛等大活佛把持政权，架空驻藏大臣，恣意妄为，甚至勾结、投靠帝国主义国家的局面。

张荫棠受命于危难之中，提出了全面改革、整顿西藏政治、经济、军事、文化的方案，得到了包括部分开明的藏族官员和上层人士在内的各界人士的支持。尽管张荫棠改革、整顿藏事的方案并非尽善尽美，但其核心内容，即以“政教分离”为前提，以

“收回治权”为中心的改革、整顿藏事的指导思想，是抓住要害、切中时弊的。如能得到贯彻执行，无疑会遏制西藏上层的亲帝分裂主义倾向，有利于加强中央政府对西藏的主权管辖。

遗憾的是，张荫棠被人诬称“有令喇嘛尽数还俗，改换洋装之事”，清廷不明真相，竟将到藏仅年余的张荫棠调离。他改革藏事的方针政策虽然在一定程度上被清廷和驻藏大臣联豫所延续，但并没有真正得到切实有力的贯彻。在随后的几年中，清政府对西藏的管理没有太大的起色。不久，辛亥革命爆发，驻藏川军内讧，自相残杀。此前流亡印度投靠英国的十三世达赖喇嘛卷土重来，在英国的支持下组织武装围攻驻藏川军，并最终迫使中央驻藏官员和川军全部撤离西藏，致使民国初年西藏上层反动势力的“藏独”活动猖獗一时，开启了危害中华民族至今的“藏独”祸水。

作者简介

周源，1948年生于北京。现任中国藏学研究中心历史所所长、《中国藏学》（汉文版）执行主编，研究员。主要著作有：《河南辛亥革命史资料长编》、《近代灾荒纪年》、《灾荒与饥馑》等，主编《西藏近代史丛书》、《中国近代爱国英雄谱》等。

清末筹议蒙古建省

吕文利

清末，清政府面对纷至沓来的内忧外患，朝廷上下纷纷寻找解决的途径，筹议在边疆地区设立行省、使内地与边疆一体化则成为讨论的焦点。光绪十年（1884），新疆建省，光绪十三年（1887），台湾建省，而光绪三十年（1904）、三十一年（1905）以中国东北为主要战场的日俄战争，使得北部边疆的危机更加严重，在这种形势下，蒙古地区建省也被提到议事日程上来。

早在光绪二十九年（1903）初，湖南巡抚赵尔巽在其《通筹本计条陈》中就主张内外蒙应改建行省。后因乌里雅苏台将军、库伦办事大臣、科布多参赞大臣等均表示反对，清廷遂搁置此议。

光绪三十一年五月，练兵处署军政司副使姚锡光在考察了内蒙古东部卓索图盟喀喇沁旗等地之后，向以军机大臣、庆亲王奕劻和直隶总督兼北洋大臣袁世凯为首的练兵处，呈递了《实边条议以固北圉（yǔ，养马之地）说帖》。他指出："东、北两边自俄罗斯西伯利亚铁道成而全局一变，自日俄交哄，胜负和战，皆于我有绝大关系"，"而东四盟蒙古适当畿辅、奉、吉腰膂（lǚ，脊骨）之间，此实堂奥之忧，并非边隅之患也，似应极为经营，建设重镇，斯内于京师，有磐石之安，外于奉、吉，有建瓴之势”。在“东蒙地方制置”的方案中，他提出：“应如新疆开设行省成法，将热河、口北两道所辖二府、三厅、六州县，益以迤北境地，画至外蒙古南界止。西循三厅边境，顺山河天然形势，亦北指外蒙古界为西线，别设直隶山北行省，以资控制。直隶山北行省仍兼辖于直隶总督，别设巡抚。”“巡抚应驻赤峰”。在“漠南、北通筹”的方案中，他提出将内蒙古划为东西两省，以口北三厅西界划一直线为界，东边为东省，含承德、朝阳两府共六州县和口北三厅、东四盟蒙古及察哈尔左半；直线以西为西省，含察哈尔都统所辖之察哈尔右半，绥远城将军所辖之土默特蒙古、西二盟蒙古，新设口外各厅，宁夏将军所辖之阿拉善、厄鲁特蒙古。外蒙古分设东、西、北三个省，即车臣、土谢图两部为东省，赛音诺颜、扎萨克图两部为西省，科布多、唐努乌梁海为北省（姚锡光：《筹蒙刍议》卷上）。同年十月，给事中左绍佐上《西北空虚，边备重要，拟请设立行省以固疆圻而弭（mǐ，消除）隐患折》，他强调“欲经营蒙旗，莫先于事权之归一，欲事权归一，莫要于设行省”。他设计的方案是“热河、绥远城，皆列为行省。热河以直隶之承德府及张、多、独三厅隶之；绥远城以丰镇、宁远、（察哈尔）右翼四旗及新设诸厅属之，而隶以乌、伊二盟”（《东三省蒙务公牍汇编》卷五）。十一月，黑龙江将军程德全密奏《时机危迫，亟宜开通各蒙折》，指出“蒙古各盟世为北边屏蔽，承平日久，习于便安。比年时局变迁，亟宜设法经营，以资控制”。清政府将左绍佐和程德全的奏折下政务处复议后，正式转发给直隶、山西督抚，热河、察哈尔都统，要求“体察情形，通盘筹划”。

光绪三十二年（1906）七月，清廷颁布“预备立宪”上谕，开始了全国新政的第二阶段。九月，改理藩院为部，并调整了理藩院的机构设置和职能。光绪三十三年（1907）初，两广总督岑春煊上《统筹西北全局，酌拟变通办法，以兴本利而固边卫折》，其后不久又续奏《各边拟设民官、亟应变通旧例折》。岑春煊在两折及附片中提出“请将沿边各都统、将军、大臣均改名巡抚，加兼陆军部侍郎衔”，并具体建议先于内蒙古地区改设热河、察哈尔、绥远三个行省。四月，清廷谕令将岑春煊前一奏折并附片“均著钞给”徐世昌、袁世凯、升允、赵尔巽、锡良、唐绍仪、程德全、贻谷、廷杰等有关各省督抚及各路将军、大臣加以讨论。五月，又将岑春煊续奏并附以原左绍佐奏议批给徐世昌等督抚、疆臣“阅看”，谕令连同岑春煊前奏“一并妥议具奏”。于是，陆续有热河都统廷杰、察哈尔都统诚勋、绥远城将军贻谷及署黑龙江巡抚程德全等就蒙古地区改制建省提出了各自的建议和方案。

宣统元年（1909）六月，署归化城副都统三多上奏清廷，“拟请将蒙地更建四部：以东四盟为一部，而设治所于洮南；西二盟为一部，察哈尔、土默特并套西之阿拉善附焉，而设治所于绥远；土谢图、车臣为一部，而设治所于库伦；三音诺颜、扎萨克图为一部，科布多、塔尔巴哈台并额济纳之土尔扈特附焉，而设治所于乌里雅苏台”（《宣统政纪》卷十六）。内阁中书章启槐也“拟请仍将蒙古划为四部”。清廷以“费巨事繁，难以猝举”为由，否定了将蒙古分建四部的意见，而赞成将内外蒙改建行省。后来清廷又采纳程德全、贻谷等人提出的“注重漠南，以期渐进”的建议，暂缓在外蒙古设立行省，着重筹划在内蒙古设立热河、察哈尔、绥远三个行省。

设省议论出现后，引起了蒙古王公的疑虑与不安，外蒙古上层反应尤为强烈。故而乌里雅苏台将军连顺，库伦办事大臣丰升阿、延祉，科布多参赞大臣瑞洵等先后上奏清廷反对在外蒙古设省。归纳起来，主要有以下几个方面的理由：

1. 外蒙古之情形不仅与腹地各省迥异，与东三省、新疆以及内蒙古各部亦大相悬殊。东三省沃野腴壤，市镇早已星罗棋布，故各将军根据时势，请设郡县经营之；而外蒙古平沙广漠，一望无垠，数千里之地只有库伦因是哲布尊丹巴的居所之故，庙宇商铺渐多，但近来俄罗斯商人日渐增多，利已外溢，故内地民人贸易渐已萧条。另外，即便有可垦之地，但气候寒冷，只五、六、七月适合庄稼生长，往往霜早歉收，加之水利无常，蒙古人又安于游牧，迁徙无定，不识耕种。因此，若设官垦荒，无民可治、无地可久，实难与东三省人稠产饶相提并论。新疆则天气和暖，左宗棠平定新疆后，恐当地再起事端，遂奏请改设行省，安插汉民。而蒙古王公与新疆贵族不同，自隶清朝以来，其性多逊顺恭恪，又因土地贫瘠，汉民只是来进行贸易，从无携眷联姻、渐成土著之处。若各蒙古王公尽心治理，自然措置裕如，所以毋庸增官筑邑。再则内蒙古各部系处近边，蒙汉日久相习，风俗渐染，但即便如此，蒙古民众亦未尝喜事耕耘，垦务推广不易。若把外蒙古按照内蒙古的模式办理，恐怕蒙古民众惊为奇异，立见纷扰，于边局不利。2. 蒙、汉语言隔阂，蒙古部落不通晓汉文语言，若设民官，传宣号令全凭通事翻译，如有案件审理，先已不能自理，全由通事做主，曲直不能自明。3. 外蒙古广袤万里，设官必有各类差役，需费浩繁，筹之非易。且各类差役积惯作弊，无不精于勒索，恐激生他变。4. 蒙古向设正副盟长、总管等官管理各旗事务，若削其权，设民官，恐蒙古王公疑惧。5. 外蒙古与俄国为邻，为防范计，应坚壁清野，更遑论设村开垦。6. 若移垦设置，亦有碍蒙古民众之生计。

清政府在蒙古设省的计划虽因种种原因最终未能实现，但却一直在逐步进行府厅州县的增设。1902 年，清政府在养息牧厂设立彰武县治，并设辽源州。1903 年，将朝阳升为府治，并于卓索图盟境内新设阜新、建平二县。1904年，在科尔沁右翼各旗新垦地区设立靖安、开通、安广（1905年）等县，后来又增设醴泉（今突泉）、镇东二县，统隶于新设洮南府。1904—1906年，在黑龙江将军所辖扎赉特、后郭尔罗斯、杜尔伯特三旗垦地设立大赉、肇州、安达诸厅。1908年，赤峰县升为州，新设林西县和开鲁县隶之。同年，设立呼伦兵备道，并于海拉尔设呼伦厅、满洲里设胪滨府。1909年，又在奉天省昌图府、洮南府、辽源州之上设立洮昌分巡兵备道（驻辽源州），在吉林省设立西南路分巡兵备道（驻长春）。在内蒙古西部，贻谷督垦期间于1903年新设了五原、陶林、武川、兴和四厅，又于1907年增设了东胜厅（《蒙古民族通史》第五卷（上），第148—149页）。

正是由于清末大规模地筹议蒙古建省，才使得清亡后不久，就在内蒙古地区顺利地建立了察哈尔、热河、绥远等省。这为中央加强对边疆的管理起到了重要作用。

作者简介

吕文利，1980年生，内蒙古赤峰人。历史学博士，中国社会科学院中国边疆史地研究中心助理研究员。

康熙帝与中国礼仪之争

吴伯娅

康熙年间，由于礼仪之争，康熙帝与罗马教廷发生冲突，终致颁布了禁止天主教在华传播的命令。这是清代中西关系史上的一个重要事件，在历史上产生了深远的影响。

康熙初年，钦天监汉官与在华西方传教士发生了一场“历法之争”。通过这场争论，康熙帝认识到西方科学的先进性。他大胆起用传教士，利用他们的知识为朝廷服务。传教士们为清廷观测天象、推算节气历法、制造天文仪器、编纂天文书籍，为西方天文学的东传和中国天文学的发展做出了一定的贡献。他们还设计和制造火炮，为平定三藩之乱立下功劳。并充当宫廷教师，为康熙帝讲授西方科学。这一切使康熙帝十分满意。康熙三十一年(1692)，康熙帝颁布了著名的“宽容敕令”，公开解除禁令，允许传教士在中国自由传教。因此，天主教在中国顺利发展，中西文化交流也随之进入了一个新的阶段。然而，礼仪之争的爆发，却使局面迅速逆转。

什么是礼仪之争呢？这还得从明朝末年谈起。明朝末年，意大利传教士利玛窦来华传教。他在实践中摸索出一套行之有效的办法，那就是以学术叩门而入，用西方的科学技术、工艺美术引起士大夫直至皇帝等统治阶层人物的支持，在天主教教义和儒家学说之间寻找共同点，合儒、补儒，以适合中国习俗的方式传教。这种传教方法就是“适应策略”，它是由中国的社会发展程度和国力强盛的现实所决定的。它的核心就是尊重中国文化、适应中国文化，在中国文化与西方文化这两种异质文化中寻找具有同一性的地方、由此及彼的契合点。为了便于在中国传教，以利玛窦为首的一批耶稣会士顺从中国礼仪，对于教徒的敬天、祀祖、祭孔均不禁止。利玛窦去世之后，耶稣会内部就产生了争议。争议的焦点是：儒家经典中的“天”、“天主”和“上帝”是否和Deus（音译“陡斯”，拉丁文“神”的意思）具有同一意义？敬天、祀祖、祭孔是不是偶像崇拜和迷信活动？这就是中国礼仪之争。

为了统一认识，1628年，在华耶稣会士在嘉定召开会议。参加会议的不仅有耶稣会士，还有徐光启等数位著名的中国教徒。会议决定沿用利玛窦的主张，不以祀祖祭孔为迷信，禁止以“天”和“上帝”称呼Deus，保留“天主”译名。这是一个折中性的决议。它既不反对祀祖祭孔，又不使用儒家经典里的“天”和“上帝”，也不使用音译“陡斯”。

嘉定会议未能真正平息耶稣会内部的意见分歧。其他传教会的入华又使礼仪之争风波再起。1643年，多明我会士黎玉范上书罗马教廷，提出17个问题，质疑耶稣会在华传教的方式。1651年，耶稣会派卫匡国赴罗马申诉。经过一番讨论，1656年3月，教皇亚历山大七世发布通谕，肯定了耶稣会在华传教的策略。1659年，罗马教廷圣职部下达指令，明确指出：“只要中国人不公开反对宗教和善良风俗，不要去尝试说服中国人改变他们的礼仪、习俗方式。……一般来说，人们都珍惜及热爱他们自己的生活方式，尤其认为他们自己的民族比其他民族更好。这是人之常情。……不要因为中国人和欧洲人的方式不同而藐视中国人的方式，反而还要尽力做它们习惯的事情。”这道指令反映了亚历山大七世尊重不同文化传统的精神。可是，后来的教皇又摒弃了这种精神。

康熙三十二年（1693），担任福建代牧的法国外方传教会士颜当突然下令，禁止辖区内的中国教徒祀祖祭孔。因此，礼仪之争进入了高潮，在中国和欧洲引起激烈争论。康熙三十九年（1700），闵明我等耶稣会士联名上疏，一方面表明耶稣会士对中国礼仪的看法，一方面请求皇上颁谕，证明中国礼仪与宗教无关。收到奏疏的当天，康熙帝就朱笔批示：“这所写甚好。有合大道。敬天及事君亲、敬师长者，系天下通义，这就是无可改处。”这道朱批文字不多，但对礼仪之争的三项主要内容都作了答复，简明扼要，铿锵有力，表明了康熙帝维护中国礼仪的坚定立场。耶稣会士收到之后，立即派人送往罗马。

教皇格勒门十一世无视康熙帝的看法，于1704年（康熙四十三年）11月做出了关于禁止中国礼仪的决定，并派遣多罗出使中国，解决礼仪之争。

康熙四十四年（1705），多罗抵华。康熙帝接见了他，对他以礼相待。康熙帝耐心地向多罗解释中国的礼仪，说明祀祖、祭孔、敬天绝不是迷信。他明确指出：“中国之行礼于牌，并非向牌祈求福禄，盖以尽敬而已。此乃中国之一要典，关系甚巨。”并强调：“尔天主教徒敬仰天主之言与中国敬天之语虽异，但其意相同。”可是，多罗顽固坚持禁止中国礼仪的立场，并召颜当入京，让他向康熙帝论述教廷有关礼仪之争的决议。颜当只会福建方言，不懂北京官话。他与康熙帝的对话只能通过翻译进行。康熙帝见状，便向颜当问道：“既不会说话，可认得字？”并指着御座后面的4个字向颜当考问。颜当只认识其中的一个字。康熙帝又问他有关“天”与“天主”的问题，颜当的回答令康熙帝很不满意。康熙帝认为“颜当既不识字，又不善中国语言，对话须用翻译。这等人敢谈中国经书之道，像站在门外，从未进屋的人，讨论屋中之事，说话没有一点根据”。

面对传教士内部的激烈纷争，康熙帝谕令凡在华传教士均须领取清廷的信票，声明永不返回西洋，遵守利玛窦的规矩，顺从中国礼仪，方可留居中国。否则绝不准在中国住，必须驱逐出境。多罗顽固不化，死硬对抗。1707 年（康熙四十六年）1 月，他在南京发表公函，公布了教皇禁止中国礼仪的文件，要求传教士们无条件地执行。结果，他被驱逐出境，拘禁于澳门。

尽管如此，康熙帝仍然希望教廷能改变态度，撤销禁令。他先后两次派传教士出使罗马，表明自己对中国礼仪的态度，急切地期待着教廷的回复，多次在官员的奏折上批示：“有西洋消息么?”“有西洋书信吗?”

然而，罗马教廷一意孤行，重申 1704 年的禁约，要求所有的在华传教士宣誓，表示无条件地服从。为此，教皇第二次派人出使中国。

康熙五十九年（1720），教皇特使嘉乐抵华。康熙帝一直将他当作贵宾对待，多次接见他，与他进行说理与辩论，并向他解释道：“供牌位原不起自孔子，此皆后人尊敬之意，并无异端之说。”由此可见，康熙帝对待礼仪之争表现出了极大的耐心，不愿意因此而造成中西方的决裂。

康熙六十年（1721）1 月，传教士将教皇的禁令译成中文，进呈御览。康熙帝阅后愤怒地批示道：“览此告示，只可说得西洋人等小人，如何言得中国之大理。……以后不必西洋人在中国行教，禁止可也，免得多事。”从此，康熙帝对天主教的政策发生了根本性的转变。罗马教廷尝到了自己造成的恶果。

康熙帝虽与罗马教廷决裂，颁布了禁教令，但终康熙朝并没有实行严格的禁教。清廷所驱逐的还只是未领信票的传教士。传教士凡有一技之长，履行了手续向清廷领取信票之后，便可留居中国。同时，康熙帝也并没有改变招徕西洋科技人才为清廷服务的方针。康熙五十四年（1715），礼仪之争极为激烈之时，康熙帝还命令传教士德理格在致教皇的信中，请求教皇“选极有学问天文、算法、画工、内科几人到中国效力”。康熙五十七年（1718），禁止在各省设堂传教的禁令已经发出，康熙帝在两广总督杨琳的奏折上仍然批示：“西洋来人内，若有各样学问，或行医者，必着速送至京中。”

但是，康熙帝的禁教政策在历史上产生了深远影响。它成为鸦片战争之前清王朝的一项基本国策，被此后的雍正、乾隆、嘉庆、道光几位皇帝所继承和严格执行。清代前期的中西文化交流，由于耶稣会士坚持利玛窦的“适应策略”而出现过可喜的局面，又由于礼仪之争、清廷禁教而跌入低谷。1939 年，罗马教廷终于认识到自己的错误，对中国礼仪做出了新的决定。

作者简介

吴伯娅，1955 年生，湖北武汉人。中国社会科学院历史研究所研究员，主要著作有：《康雍乾三帝与西学东渐》、《圆明园史话》；合著有：《清代全史》、《中国史稿》（清代卷）、《清代人物传稿》等，发表学术论文数十篇。

马嘎尔尼访华

吴伯娅

乾隆五十八年（1793），英国马嘎尔尼使团以为乾隆帝祝寿的名义来到中国。这是到达中国的第一个英国外交使团，是中英之间最重要的一次早期交往，是中西关系史上的重大事件。

18世纪后期，英国资本主义经济已有相当发展，广州一口通商不能满足其对华贸易的需要。乾隆五十二年（1787），英国国王应东印度公司的请求，派遣凯思卡特为使臣，前往中国交涉通商事务，并谋求建立外交关系。使臣在中途病死。乾隆五十七年（1792），英国又派遣马嘎尔尼使团访华，其目的是想通过与清王朝最高当局谈判，取消清政府在对外贸易中的种种限制和禁令，打开中国门户，开拓中国市场。同时，也是为了搜集有关中国的情报，估计中国的实力，为英国政府下一步的行动提供依据。

英国政府对这次出使十分重视，为使团的组成进行了周密的准备。首先，对使团成员作了精心安排。特使马嘎尔尼是一位有经验的外交官和殖民主义的老手，曾任驻俄公使，与俄国签订了十分有利于英国的商务条约。以后又历任格林纳达总督和英属印度马德拉斯总督。副使斯当东是马嘎尔尼的挚友，有从事殖民外交的丰富经验。使团其他成员也都是各种专家，其中有哲学家、医生、机械专家、画家、制图家、植物学家、航海家以及有经验的军官。此外，还有东印度公司的职员和大量军事人员。

使团乘坐的船只和携带的大批礼物都是经过精心挑选和特意制造的。这艘“狮子号”炮舰，装有64门大炮，是当时英国第一流的军舰。使团携带的礼物除一部分是投中国皇帝之所好外，更多的是为了显示英国的科学技术，如天文地理仪器、乐器、钟表、车辆、武器、船只模型等。

总之，这是一个耗费巨大、人员众多的外交使团，具有商务和政治的双重目的，是英国向东方进行殖民与贸易扩张的一个环节。不过，由于当时的国际形势，和中国作为一个东方大国的形象，英国不敢贸然行动，而是尝试与中国建立关系，加强交往。

对于为祝寿而来的马嘎尔尼使团，清政府最初是持欢迎态度的，并表现出前所未有的重视。乾隆帝认为英使远涉重洋，前来祝寿，“具表纳贡”，实属好事。为此他连颁数道谕旨，亲自确定了体恤优礼的接待方针。他不仅破例允许使团从天津上岸，而且命令沿海各省地方官做好接待工作，还向使团提供丰富的免费的食物供应。英国使团的一个成员感慨道：“关于这一方面，我们所受的待遇不仅是优渥的，而且是慷慨到极点。”

乾隆五十八年六月，马嘎尔尼使团到达天津。钦差大臣徵瑞亲赴天津接待。此时，乾隆帝正在热河行宫（今承德避暑山庄）避暑，于是决定由徵瑞护送使团经北京赴热河谒见皇帝。使团在北京稍事停留后，除留一部分人在圆明园安装英国带来的仪器外，主要成员均在徵瑞的陪同下赶赴热河。然而，外交接触尚未开始，礼节冲突便已发生。清朝政府要求英国使臣按照各国贡使觐见皇帝的一贯礼仪，行三跪九叩之礼。英使认为这是一种屈辱而坚决拒绝。礼仪之争自天津，经北京，而继续到热河。乾隆帝闻讯，勃然动怒，下令降低接待规格。

在今人看来，礼仪问题属于形式，当时却成了中外交往中难以逾越的障碍。因为，中国素称“礼仪之邦”，在以儒家文化为主体的中国传统文化中，“礼”具有突出的地位。在各种礼仪中，君臣之礼尤为重要。臣民匍匐于君主脚下，向君主行跪拜礼被视为是天经地义，是对君主至高无上地位的承认和服从。中国又始终以“天朝上国”自居，将别的国家都视为蛮夷之邦，把广阔的世界纳入一个以自我为中心，按照封建等级、名分构成的朝贡体系之中。历代的统治者都制定有一套繁复的朝贡礼仪，朝贡国必须严格遵守这些礼仪，才能表明其“向化”的诚意。乾隆时期，清政府对当时欧洲各国的社会经济的发展和近代资本主义的历史性进步茫然不知，把西方各国仍然视为“海夷”。他们不假思索地称马嘎尔尼为“贡使”，称他们带来的礼品为“贡品”，要求他们遵从中国礼制。英国作为当时西方第一强国，其使臣向中国这一传统发起了猛烈的冲击。

由于中英双方都不肯迁就让步，谈判几近破裂。最后，双方终于达成协议。乾隆五十八年八月，83 岁的乾隆帝在热河避暑山庄接见并宴请了英国使团，接受了英使呈递的国书和礼品清单，并向英王及使团回赠了礼物。

觐见时究竟行的何种礼节？中英双方记载不同。英国人说马嘎尔尼等人按照觐见英王的礼仪单膝跪地，未曾叩头。和珅的奏折却说，英国使臣等向皇帝行三跪九叩之礼。

因双方记载不同，已很难明其真相。但无论当时以何种方式解决这场矛盾冲突，都改变不了礼仪之争对中英首次通使往来所造成的负面影响。

清政府认为，进贡和祝寿已毕，英国使团的任务已经完成，应该打道回府。但是，在将英王国书译出后，他们才如梦初醒，知道英国人祝寿的背后是要求使臣驻京和扩大通商。马嘎尔尼则急切要求和等待谈判，他向清政府提出了六项要求：一、请允许英商到宁波、舟山和天津贸易；二、准许英商像以前俄商一样，在北京设立商馆；三、将舟山附近一处海岛让给英国商人居住和收存货物；四、在广州附近划出一块地方，任英国人自由来往，不加禁止；五、英国商货自澳门运往广州者，享受免税或减税；六、确定船只关税条例，照例上税，不额外加征。

显而易见，这些要求一部分是属于希望改善贸易关系的正常要求，一部分则具有殖民主义侵略性，如割让岛屿一事，清政府决不能接受。面对这种情况，清政府理应认真研究和区别对待。有的可以接受，有的应当拒绝，有的经过谈判，加以修改。即便拒绝英国的大部分要求，只要把谈判继续下去，也能够相互增进了解，缓和矛盾冲突，于中国有益无损。可是清政府却简单地一概拒绝，将英国的六项要求全部斥为“非分干求”，断然关闭了谈判的大门。

乾隆帝示意马嘎尔尼使团应于10月7日离京回国。英使要求举行谈判，暂缓回国，遭到拒绝。于是，在没有举行谈判、没有完成使命的情况下，英国使团踏上了归程。马嘎尔尼一行从北京出发，由军机大臣松筠伴送，沿运河南下，几乎纵穿中国腹地，到达广州，于1794年1月自广州回国。

清政府之所以会采取这样的行动，主要是对外部世界毫无了解，既没有近代国际交往的经验，也不认为有建立经常性外交关系的必要，而是沉湎于“天朝上国”的自我陶醉之中，满足于自然经济结构下“无求于人”的状态，正如乾隆帝所说：“天朝物产丰盈，无所不有，原不藉外夷货物以通有无。”同时，也唯恐外国人与中国各阶层接触频繁，将后患无穷，危及其统治。因此，要“杜民夷之争论，立中外之大防”。

清政府断然拒绝英国的割地要求，明确宣布：“天朝尺土俱归版籍，疆址森然，即岛屿沙洲，亦必划界分疆，各有专属。”

这是完全正确的。它维护了国家的主权，抵制了殖民主义的侵略。但是，清政府不愿打开中国的大门，闭关自守，又使中国失去了一次了解世界、扩大经济文化交流、推动社会前进的历史机遇。

马嘎尔尼访华虽然没有达到打开中国门户、扩张英国贸易的目的，但毕竟开始了中英两国正式的外交接触，双方互递了国书，互赠了礼品，使团成员在华期间还与中国负责接待的一些官员建立了良好关系。同时，使团沿途搜集了大量有关中国政治、经济、军事的情报，为日后英国侵略中国做了资料准备。通过对清王朝各方面的观察分析，马嘎尔尼认为清朝实质上是极其虚弱的，"好比是一艘破烂不堪的头等战舰"，要击败它并不困难。从此，18 世纪盛行于欧洲的关于中国强盛富庶的看法开始改变。

四十余年之后，鸦片战争爆发，英国用武力打开了中国的大门。

晚清第一位驻外公使郭嵩焘

王晓秋

光绪元年（1875），郭嵩焘被清政府任命为出使英国钦差大臣，1876年赴任，成为晚清中国第一位驻外公使。作为近代中国走向世界的先行者，他的外交生涯却充满了曲折和悲剧色彩。

郭嵩焘，1818年生于湖南湘阴，字伯琛，号筠仙，晚号玉池老人。因其书斋名“养知书屋”，故人称“养知先生”。他1836年入湖南长沙岳麓书院就读，结交校友曾国藩、刘蓉等人。以后多次赴京赶考落第，曾以教书及当幕僚谋生。1847年考中进士，任翰林院庶吉士（又称“庶常”，指新进士选入庶常馆学习者），又因父母去世，回乡居丧。此时正值太平天国农民起义爆发，清廷命在籍侍郎曾国藩在湖南组织团练镇压太平军。郭嵩焘协助曾国藩筹建湘军，并为其出谋划策，如建议募兵筹饷、设立厘金、创建水师等。后一度任职于翰林院、南书房及充僧格林沁之幕僚。1862年由江苏巡抚李鸿章保奏任苏松粮道，后又任两淮盐运使。1863年署理广东巡抚，却因与两广总督发生矛盾，于1866年被迫辞职回乡赋闲。其间曾主讲长沙城南书院，参与编纂《湘阴县图志》和《湖南通志》。

郭嵩焘在上海和广东为官时接触西学与西方人士，注意了解“洋情”，并处理过一些与洋人交涉事件。他主张办洋务必先

“通其情，达其理”，还提倡循习西洋“政教”和扶植“商贾”。他被清廷视为“精透洋务”之人，1874 年受召见后被任命为福建按察使。

1875 年 2 月发生“马嘉理案件”。英国使馆翻译官马嘉理在云南被杀，引起交涉。清政府在英国压力下答应派大员赴英“谢罪”。1875 年 8 月 28 日任命郭嵩焘为出使英国钦差大臣。其最初的使命即是为马嘉理案件赴英谢罪道歉，本身就具有浓厚的屈辱色彩。清廷同时还命其“署兵部侍郎，并在总理各国事务衙门内行走”，参与外交事务。郭嵩焘上任前曾上疏建议将云南巡抚岑毓英议处，被封建士大夫们攻击为“辱国”。友人们多劝他谢辞使命，有人为其感到惋惜，说他“文章学问世之凤麟，此次出使，真为之可惜”。也有人怜悯他，“费力不讨好，亦苦命也”。甚至还有人写对联攻击他：“出乎其类，拔乎其萃，不容于尧舜之事；未能事人，焉能事鬼，何必去父母之邦。”郭嵩焘外受英国驻华公使威妥玛的胁迫，内遭封建士大夫的非难，身心疲惫。他屡次以年老体弱有病为由请辞使命，未获清廷允许。1876 年 9 月 6 日，慈禧太后亲自召见郭嵩焘，对他说：“此事万不可辞，国家艰难，须是一力任之。”“此事实亦无人任得，汝须为国家任此艰苦。”还说：“你一味替国家办事，不要顾别人闲话，横直皇上总知道你的心事。”郭嵩焘无法再推辞，只得忍辱负重抱病出行。

郭嵩焘率首届驻英使团于 1876 年 12 月从上海乘船出发，1877 年 1 月 21 日抵英国伦敦。他在出使途中 51 天的日记中，记述了所见所闻的西方文明及自己的感想。他把日记按要求寄呈总理衙门，总理衙门则以《使西纪程》的书名交同文馆刊行。不料该书出版后竟引起轩然大波，书中对西方文明的描述和肯定，遭到思想保守的士大夫们的抨击，连名流李慈铭也斥其为“不知是何肺腑”！翰林院编修何金寿更是上疏弹劾郭嵩焘“有二心于英国，欲中国臣事之”，给他扣上了“卖国”的大帽子。以至朝廷下令禁止该书发行并予毁板。后来梁启超曾讲述过这段故事：“光绪二年，有位出使英国大臣郭嵩焘，作了一部游记，里头有一段，大概说，现在的夷狄和从前的不同，他们也有二千年的文明。嗳哟！可了不得，这部书传到北京，把满朝士大夫的公愤都激动起来了。人人唾骂……闹到奉旨毁板，才算完事。”

郭嵩焘抵英后觐见了英国女王，递交了国书，并在伦敦建立了中国第一个驻外使馆，揭开了中国外交史的新篇章。1878 年 2 月他又受命兼任出使法国钦差大臣。郭嵩焘担任首任驻英法公使不过两年时间，但他能认真考察和分析西方国情和现状。他曾到英国议会旁听，赞扬其“国政一公之臣民，其君不以为私”，并对封建君主专制政体产生了质疑。他还参观了英国牛津大学和各类学校、图书馆、博物院、实验室，认为“西洋政教、制造，无不出于学”，并建议中国向西方学习，开办学校，多派留学生。他还考察了英法的一些工厂、炮台和科技设施，认为西方科学技术的发达在于“实事求是，西洋之本也”。这些在他的日记中都有具体的记述，可以说郭嵩焘通过走出国门、实地考察，对西方的认识已远远超过一般洋务派官员了。他在英法还妥善处理了一些商务、教案等交涉事务，并创议在英属新加坡设立中国总领事馆。

郭嵩焘在国外的言行却遭到保守派的攻击，尤其是驻英副使刘锡鸿的诬陷。刘锡鸿经常向总理衙门打小报告，并罗织各种罪名诬告郭嵩焘。如他曾揭发郭嵩焘“三大罪状”，其实都十分荒谬可笑。其一是说郭嵩焘在参观英国甲敦炮台时，披上了洋人提供的大衣。他认为这是有失体统，“即令冻死，亦不当披”。其二是说郭嵩焘在伦敦宴会上，见到巴西国王，“擅自起立”。他认为

"堂堂天朝，何至为小国主致敬?"其三说郭嵩焘在英国白金汉宫听音乐会时取阅节目单。他认为这是"刻意模仿洋人，趋媚忘本"。这些本来是社交场合的正常礼节和行为，却被刘锡鸿大做文章，诬蔑为"崇洋媚外"。更有甚者，刘锡鸿后来又密劾郭嵩焘"十大罪状"，加以"藐视朝廷"、"诋毁时政"、"出语狂谬"、"违悖程朱"、"有失国体"、"有私通洋人之嫌"等罪名。甚至以英国国会蓝皮书中赞扬郭嵩焘公使的一段话，作为郭"私通洋人之实证"，欲将郭嵩焘"诬以逆谋"，置之死地而后快。事实上，刘锡鸿的衣食用品也喜用洋货，他对郭嵩焘的百般诬陷，只能说明此人品质卑劣，"蓄意倾轧"。总理衙门对两人的矛盾表面上各打五十大板，都加训斥，并将刘锡鸿调任驻德国公使。实际上还是打击积极主张向西方学习的郭嵩焘，斥责他"固执任性"、"所见殊属偏狭"。国内守旧士大夫也对其大肆攻击，以至郭嵩焘萌生退意，被迫奏请因病销差。1878 年 8 月 25 日，郭嵩焘任期未满，清廷即命曾纪泽接替其驻英法公使职务。1879 年 1 月 31 日，郭嵩焘离英回国，担任首任驻英法公使仅两年时间。

郭嵩焘回国后心情郁闷，向朝廷称病乞休。回乡途中，湖南守旧士绅竟然"指以为勾通洋人，张之通衔"。他回到家乡仍关心国事，忧国忧民，曾为琉球、伊犁、越南等交涉建言献策。并在湖南倡办洋务，鼓吹引进西洋轮船，创办思贤讲舍、禁烟公社。尽管遭到守旧派阻挠嘲讽，他始终坚持向西方学习的主张，认为"虽使尧舜生于今日，必急取泰西之法推而行之，不能一日缓也"。并批评"西洋汲汲以求便民，中国适与相反"。虽然"谤毁遍天下，而吾心泰然"。晚年曾题"戏书小像"诗曰："流芳百代千龄后，定识人间有此人。"相信历史总会给他做出公正的评价。1891 年 7 月 18 日，这位孤独的先行者在长沙逝世，享年 73 岁。

郭嵩焘死后，虽有李鸿章、王先谦等为其求情，但慈禧太后仍不准给他立传赐谥。严复在挽联中赞扬他“赤胆忠肝筹国是，谤满天下无损名”。郭嵩焘不愧是近代中国人走向世界寻找真理的一位先行者，但又是一位因认识超前、“独醒”而屡受挫折打击的悲剧性历史人物。

作者简介

王晓秋，1942年生，江苏海门人。北京大学历史系教授，博士生导师，第九、第十届全国政协委员，国家清史编纂委员会委员，中国中日关系史学会副会长，中日历史共同研究中方委员。主要研究领域：中国近代史、晚清史、中日关系史、中外文化交流史。主要著作有《近代中日启示录》、《近现代中国的革命》、《近代中日文化交流史》、《近代中日关系史研究》、《近代中国与世界》、《近代中国与日本》、《晚清中国人走向世界的一次盛举》等。

皇太极对汉文化的吸收

史革新

皇太极是清朝入关前第二代统治者。他一生文治武功，赫赫扬扬，将乃父所创基业发扬光大，为清朝近300年统治奠定了基础。以更大的力度吸收汉文化，推行汉化改革方针，是皇太极用人行政最为鲜明的特色。

皇太极成长的环境及文化背景与努尔哈赤有着很大的不同。皇太极生于明万历二十年（1592），在他24岁（1616）时，其父努尔哈赤建立后金政权称汗。天命六年（1621），努尔哈赤始命巴克什（师傅）教导自己的子弟。是时皇太极29岁。这样的成长环境使他对汉文化有着比乃父更为深入的了解。正由于此，皇太极即位伊始，便对努尔哈赤晚年苛待汉人的政策进行了大胆纠正。天命十一年（1626）九月，皇太极发布安抚汉人的命令，使“汉官汉民皆大悦，逃者皆止，奸细绝迹”，缓和了所辖地区的满汉矛盾。此后，他在积极进行军事扩张的同时，对于内政的汉化改革也在紧锣密鼓地展开，并取得了显著成效。

一、发展牧猎与农业并举的经济政策

皇太极在经济上采取发展牧猎与农业并举的政策，但对后者的关注日益加强。他多次发布发展和保护农业的政令，强调“工筑之兴”不应“有妨农务”，要求军民“专勤南亩（即农田。南坡向阳，利于农作物生长，古人田土多向南开辟，故称南亩），以重本务”，“务农积贮，为足食之本”，体现对中国传统的以农为本经济观念的认同。他还下令禁止宰杀耕牛，保护农业生产力，并提出“田畴庐舍，民生攸赖，劝农讲武，国之大经”的治国方针，体现了“耕战”精神。

二、“仿效明制”和文武并重的政治策略

在政治方面，皇太极本着“仿效明制”和文武并重的原则，对后金带有明显氏族痕迹的政治体制进行了大刀阔斧的改革，使后金政治制度更加适应封建化发展的需要。

努尔哈赤时期的后金政权政治体制结构比较简单，主要以兵民合一、文武不分的八旗制为主体，各部门要职全部操纵于满族贵族之手。皇太极即位后，接受汉员宁完我等关于“设六部，立谏臣，更馆名，置通政，辨服制”的建议，果断地厘定官制，设立六部，设置谏臣言官，把文馆改为内三院，即内国史院、内秘书院、内弘文院。内三院的职掌，不仅比以前的文馆扩大了职权范围，粗具日后内阁的规模，而且还包括了以后设立的翰林院、詹事府等机构的职能，便利了皇权集中。之后，皇太极对官民服制、官员祭丧之制，乃至官场言语书词等，都本着效仿中原王朝“明尊卑，辨等威”的原则进行了改革和规范。

与努尔哈赤时期相比，皇太极招纳笼络的汉官不仅数量众多，而且其身份档次也大有提升，尤其注重对明朝中高级官员将领的招降和接纳。崇德三年（1638），驻守石城岛的明副将沈志祥降清，一同降者达2500人，其中包括游击以上的官员35人。

在收降的明朝官员中，以洪承畴为官位最高者。其余中高级降官还有：总兵祖大寿，副将尚可喜、张存仁、孟乔芳、沈志祥、祖可法，参将孔有德、耿仲明、马光远等。皇太极基于攻灭明朝、夺取全国政权的战略思考，深悉笼络汉族高官的重要性，不惜纡（yū，弯曲、曲折）尊降贵，亲临抚慰，用心可谓良苦。

在对汉员的使用上，皇太极更为大胆。努尔哈赤在位时投奔后金的范文程、鲍承先、宁完我、石廷柱、马光远等人，大多是在皇太极时期才得到重用。他们对许多军国大事提出过重要的意见，受到皇太极的“嘉纳”。崇德四年（1639）六月，皇太极分汉军为四旗，任用了一大批汉员。值得注意的是，皇太极在崇德元年（1636）连续授予三位汉员以王爵，其中，授孔有德恭顺王、耿仲明怀顺王、尚可喜智顺王，开有清一代封汉员王爵之先河。他对俘获的明朝大员洪承畴以礼相待，耐心劝降，成为历史上帝王善于招贤纳士的一段佳话。皇太极对汉员的拔擢、重用，与努尔哈赤对汉员的猜忌、抑制的做法形成了鲜明的对照。

除了招纳明朝降官外，皇太极还仿效中原王朝科举取士的办法，通过考试选拔人才。天聪三年（1629）八月二十三日，皇太极下达了一道在清朝历史上具有重要意义的谕令：

> 自古国家，文武并用，以武功戡祸乱，以文教佐太平。朕今欲振兴文治，于生员中考取其文艺明通者优奖之，以昭作人之典。诸贝勒府以下，及满汉蒙古家，所有生员，俱令考试。

后金政权于当年九月举行了大约有300名汉人生员参加的考试，并录用了其中的200名。参加应试的生员绝大多数为努尔哈赤晚年镇压明朝生员通明叛变事件中的幸存者。通过考试，不仅把这些人从“包衣（满语“家奴”之意）”、“奴者”的行列中擢（zhuó，提拔）拔出来，改变了他们的奴隶身份，而且为清朝实行科举制度树立了范例。天聪八年（1634）三月，后金再次举行汉人生员考试，录取228人。一个月后，经礼部考试，齐国儒、朱灿然、罗锦绣、梁正大、雷兴、马国柱、金柱、王来用等人以“通晓汉书”被授予举人资格。他们是后金政权自己造就的第一批汉族士人，成为皇太极推行“文治”的骨干力量。

三、文化政策中的尊儒倾向

皇太极统治时期，后金政权在思想文化方面带有较多的儒家文化色彩。皇太极实行祭孔之礼一事，最具代表性。

清朝当局始建孔庙是崇德元年（1636），建于盛京（今辽宁沈阳）。庙成后，皇太极遣内秘书院大学士范文程致祭至圣先师孔子，以复圣颜子、宗圣曾子、述圣子思、亚圣孟子配享。此次祀典，从对孔子的尊奉、配享的安排、祭祀日期的确定，到典礼的仪程，都循守中原王朝的旧制。这次祭祀对于清朝来说，无论在政治上，还是在思想文化上，都具有非常重要的象征意义。因为这一举动不仅是满族贵族自努尔哈赤以来吸收汉文化的必然结果，也是他们从政治到思想认同孔孟儒家思想、把自己纳入中原文化体系的重要标志。

皇太极不仅积极推崇孔子，而且还强调满族贵族子弟要读书明理，明确规定他们的子弟凡在八岁至十五岁之间者，“俱令读书”。他看到，明朝官兵处困境而“犹以死守”，得益于“读书明道理为朝廷尽忠之故”，由此反思出己方在精神士气、思想文化上的不足，并以“读书明理”对部下相劝勉。皇太极提倡“读书”，主要是指学习反映中原文化成就的各种汉文书籍，既包括儒家经学、史学类书籍，也包括军事等实用性书籍，还有佛教经典，内容相当广泛。由于语言上的差别，他沿用乃父的做法，于天聪三年命达海带领笔帖式（满语，意为办理文书、文件的人）刚林、苏开等人翻译汉文书籍。所译书有《刑部会典》、《素书》、《三略》、《万宝全书》等，其中，对儒学经典的翻译占有重要地位。然而，儒学内部学派纷繁，著述驳杂，究竟应该做何对待？皇太极对汉籍认识有限，诸臣所上奏疏大多就事论事，“而无劝上勤学问者”。针对这种情况，一些汉员如沈文奎、宁完我等提出皇帝进学应主要学习以《四书》为核心的“帝王治平之道”，并建议建立侍讲制度，对皇太极做了倾向于程朱理学的思想引导。这一时期，满族统治者对于《四书》在孔学中的特殊意义并无深刻认识，侍讲制度也因条件不备而未建立。但是汉官们的建议，毕竟把清朝统治者推行尊崇儒学的文化政策又向前引导了一步。

皇太极开展以“仿效明制”为基本内容的政治改革，并不意味着皇太极完全放弃了本民族的文化传统而实行彻底的汉化。实际上，他是本着“有所为而有所不为”的原则进行改革的。他曾拒绝满臣达海、库尔缠等人提出的“改满洲衣冠，效汉人服饰制度”的意见，认为满族的服饰及民族语言、骑射传统绝对不能改变。此外，满族社会出现的封建化发展势必导致其内部的两极分化，使部分经济状况下降的满族人产生怨言，对汉化改革形成抵触情绪。这种情绪对皇太极吸收汉文化造成一定的政治压力，使他常常处于改革与守旧的矛盾之间，不能不对满族贵族中守旧势力的掣肘有所顾忌，有时还要做些让步。

郑成功与施琅交恶探析

王冬青

郑成功与施琅是明清之际著名的将领。郑成功为了捍卫明朝的余脉与清朝抗衡，施琅在顺治五至八年（1648—1651）是郑军中的重要将领，官居左先锋，双方关系一度“得友天下士，旦夕相过从”，但最后，他们似乎因“琐事”反目成仇，施琅弃郑投清。历史上对郑施交恶评价颇多，有的说郑成功自毁长城，有的说施琅汉奸叛国罪不容诛，也有的认为双方气量狭小，睚眦（yá zì，比喻极小的仇恨）必报。事实上，双方冲突固然有个人品质和性格上的不合，但从根本上说，还是由他们的政治态度、统兵原则、军中的利益冲突等各种因素造成的。

一、政治分歧是郑成功、施琅交恶的根本原因

郑成功的父亲郑芝龙，在明朝的最后岁月是福建炙手可热的实权人物。他因拥立唐王朱聿键（yù jiàn）为隆武帝有功，被册封为平国公。郑成功在日本度过童年，归国后接受正统的儒家教育，并考中县学生员。南明福王称帝时，郑成功入南京国子监做太学生，拜大儒钱谦益为师。

顺治三年（1646），在清军大兵压境的局势下，精于盘算的

郑芝龙选择了归顺清朝，但清军将他掳掠到北京扣押，直接造成隆武政权的覆灭。隆武帝在福建汀州被清军俘杀。之后不久，躲避战祸不及的郑成功之母翁氏先受到清军的污辱，后惨死在刀下。郑芝龙这次不明智的归顺，导致了郑氏父子在反清复明问题上的分道扬镳。对郑成功来说，短短数月间，就经历了失国、掳父、丧母之痛，因此坚定了他武装抗清到底的决心。

施琅的人生经历和郑成功差别很大。明朝末年，家道中衰的施琅投身到郑芝龙手下。由于他为人机智、有胆有识，很快升为副总兵。郑芝龙降清时，他率部跟随，被清朝任命为总兵，这个封赏对施琅来说已经是一种优待。施琅归清后，率部南下广东与抗清派交战，多次立下战功。顺治五年（1648），抗清运动在江西、湖北等地蓬勃兴起。很多投降清朝的明将又纷纷树起了反清复明的旗帜，施琅也在此时再次加入到抗清行列。不过，施琅这次弃清入明多少有些被迫，他和上司李成栋关系并不好，后来被当作异己甩给了郑成功。郑成功在招纳郑芝龙旧部的基础上，才有双方的会师合作。

对比他们反清复明的政治立场，郑成功显然要坚定得多。他对隆武帝有深厚的情感。隆武帝被害后，桂王朱由榔被拥立为皇帝，郑成功闻讯后，马上遥奉永历帝为正朔。他在纛（dào，古代军中大旗）旗上写有“明忠孝伯招讨大将军罪臣国姓”，就是要表明他忠于明朝的政治倾向。而施琅家族对明朝的忠诚度则淡化很多。当初郑芝龙降清被掳到北京，施琅家族原本有机会联合其他义军共同抗清，之所以放弃，无非是认为拥明的力量都是乌合之众，南明政权已经日薄西山。

至于对清朝的态度，虽然郑成功和清朝有所谓的“清郑和谈”，因此很多人认为他抗清态度不坚决，这多少是个误解。郑成功对清和谈，并不表明他有降清的打算，从和谈的过程来看，郑成功早就打定了主意，要利用和谈扩张实力。清政府掳走父亲郑芝龙，母亲翁氏和隆武帝都死于清军之手，对比“冲冠一怒为红颜”的吴三桂，郑成功对清朝的憎怒不是更强烈了百倍么？相比之下，施琅曾经归降过清朝，为清朝在广东等地平叛打仗。如果他对清朝有何不满，也主要是针对上司李成栋，而不会是清朝八旗军。

二、治军方略的差异是郑成功、施琅交恶的关键

郑成功起兵时力量十分弱小，和清军作战也总是败多胜少。后来他不断兼并整合南明各派力量，使军队不断壮大。郑成功整合军队为己所用的能力超群出众。南明的所有政权都存在主弱臣强的现象，郑成功的部队一开始也有类似难题，因为他的部队有招募的、有继承其父的、有强夺族亲而来的，也有从清朝阵营中反叛的。他总结了晚明以来朝廷姑息养奸的教训，治军练兵以忠孝为信念，驭下措施极为严格，功过分明，赏罚得当，军队战斗力越来越强。

但是也正因郑成功的部队是靠兼并发展而来，打胜仗时问题不大，一旦遭到清军打击失败后，往往容易瓦解和叛逃，因此他统率军队的警惕性极高，时刻担心下属不忠诚造成反叛。经过长期的残酷斗争，郑成功早已被铸成铁血统帅，对自己的骨肉至亲都进行过多次杀戮。在临去世前，他甚至要杀死儿子郑经和小妾。为了解决本集团的各种矛盾，他会采取怎样的态度对待其他将领也是不言自明的。而施琅是一个纯粹的军人，在政治上没有反清复明的抱负，他的军事才能尤其是在指挥水师上首屈一指。恃才傲物的施琅需要一个宽宏大量、能委己以重任的统帅，这样他才能做智勇双全的将领。但郑成功的统兵原则却不能给他充分发挥的空间。

三、 从两个事件看郑成功和施琅分道扬镳

第一件事起源于顺治八年（1651）郑成功军事部署造成的意见分歧。当时郑成功占据厦门不久，统治基础并不牢固，此时他引兵来到广东南澳和郑鸿逵会合。两人商量后决定分兵，郑鸿逵回厦门巩固，郑成功继续攻打潮州、惠州，争取南下勤王。身为左先锋的施琅认为这一部署风险很大，势必造成厦门防御薄弱，尽管诸多将领劝谏无效，他还是向郑成功提出了不同意见。但是施琅劝说郑成功的方式非常奇特，见到郑成功后，他假说自己前夜做了个梦，预示出师不利，请郑成功重新部署。郑成功闻言大怒，撤销了施琅左先锋的职务，令他和郑鸿逵一起返回厦门。郑鸿逵、施琅回厦门后，果然遭到清军的袭击，郑氏集团损失惨重，而施琅率领部下奋力作战，对清军进攻厦门进行了有效的反击。但郑成功返回厦门后，仅赏赐施琅200两白银，而没有给他官复原职。赋闲在家的施琅对郑成功大为不满，双方的矛盾日益激化。

有人认为这件事主要过失在郑成功，施琅无辜。因为施琅的战略预见更准确，而且事后也验证了这一点，郑成功不承认自己犯了错误，驾驭部下过于严厉。但在这件事上看双方的表现，施琅的问题显然严重得多，他向统帅提建议的方式过于儿戏，缺乏认真诚恳的严肃态度。军事将领对统帅的用兵部署有不同意见是正常的，但在交换意见时，应该中肯地分析各种利弊，帮助统帅拿出切实可行的方案，越是重大问题越应该诚恳严肃。施琅轻率地用托梦的方式，达不到说服郑成功的目的，还造成了很坏的影响。何况当时郑军中的避战派、主和派人数不少，有些人甚至背主投敌；从施琅一贯的政治立场出发，他建议放弃勤王回师福建，是对清主和思想的暴露。把军权交给主和派，郑成功无论如

何是不放心的。

第二件事是曾德事件，终于导致两人公开反目。曾德最初在郑彩手下，郑彩部瓦解后划归施琅节制。此时施琅已被夺了兵权，曾德不甘心一直郁郁不得志，通过幕后活动，希望回到郑成功身边，郑成功同意了。曾德为了在郑军中求得出头之日，从施琅军中改投郑成功手下，对他来说无可厚非。但在施琅看来，这很有可能是郑成功挖自己的墙脚，因此对部下另择高枝背叛自己极为恼怒。无论是郑成功还是施琅，都把部属的效忠当作治军的生命线，背叛自己是绝对不能容忍的，否则带兵打仗将一盘散沙。因此，施琅派人将曾德抓回斩首，以儆效尤。尽管郑成功急令勿杀曾德，施琅也置之不理。郑成功见施琅公然违令、擅自杀人，遂断定施琅将要叛变谋反，立令擒拿施琅全家。施琅此时只剩下投奔清朝这唯一的出路。

从曾德事件看，施琅擅自杀人的严重性在于他执意违背统帅的命令，极大地刺激了郑成功。对于郑成功来说，失去了这样一位卓越的水师将领，显然是损失重大。对施琅来说，自己降清后父亲、弟弟被杀，也算是惨重的代价，因此必然要和郑氏集团抗衡到底，直到康熙二十二年（1683）他率领大军击败郑氏集团，收复台湾。

作者简介

王冬青，1969年生，陕西西安人。中国人民大学清史所、国家清史编纂委员会博士后。研究方向为：明清中外关系史、军事史。发表论文有：《明朝海禁政策与近代西方国家的第一次对华军事冲突》、《论郑和下西洋与明成祖的威慑外交战略》等。

康熙帝对纂修《明史》的言论

闻性真

以史为鉴，是我国历史上历代统治者的座右铭。所以，为前代修史也就成为每一个新兴王朝的历史责任。清代统治者入主中原后，一方面以武力征服，另一方面又急欲“以修史定正统之位”。清朝入关后的第二年，即顺治二年（1645），就匆匆下诏纂修《明史》。这不仅是借以表现其对明朝历史的尊重，更重要的是以史为本朝统治的借鉴。然而，当时国家还没有统一，南明政权一息尚存，被清军击败的农民起义军仍力图恢复。到康熙初年，又有平定三藩之乱、统一台湾的战争。所以清初前30多年纂修《明史》无大进展。直到康熙二十年（1681）前后，国内政治形势较前稳定，经济恢复发展，《明史》纂修才进入进展较快的阶段。

《明史》怎么纂修、怎么定基调，修史的主旨是什么？这些问题不单纯是修史的问题，在当时还是敏感的政治问题。在文字狱盛行的年代，肩负此任的臣子不无惶恐。其主要的难点与其说是史料问题，不如说是持什么观点、如何评论功过是非等重大问题，而以明末的历史尤为棘手。康熙帝对纂修《明史》十分重视，而且就如何修史发表过重要言论，提出过一些较为明确的思想。

康熙二十二年（1683）八月，康熙帝问学士牛钮、张玉书、汤斌等人："尔等所修《明史》如何?"他们回答：嘉靖以前已纂修过半，万历以后因材料问题，"成书较难"。康熙帝说："时代既近，则瞻徇易生（指容易产生徇顾私情的问题）。作史昭垂永久，关系甚大，务宜从公论断。尔等勉之!"（《清圣祖实录》卷一百一十一）

同年十一月，康熙帝又召见大学士等，询问《明史》的进展情况。李霨回答说："草本已有大略。自万历以后，三朝事繁而杂，尚无头绪，方在参酌。"可见，时代离得越近，与现实的政治关系越密切，这部分历史也最难写。对此，康熙帝再一次发表对修《明史》的指导思想，说："史书永垂后世，关系最重。必据实秉公，论断得正，始无偏颇之失，可以传信后世。"

三十一年（1692），康熙帝对正在纂修中的《明史》又做了一次重要的指示。他要求一定要编写出一部能被后世承认的《明史》、公正的《明史》。而且，留给后世的不仅是一部官修的《明史》，还应该包括纂修《明史》所据以参考的明代各种文献史料。他说："明代实录及记载事迹诸书，皆当蒐（同"搜"）罗藏弆（jǔ，收藏）。异日《明史》告成之后，新史与诸书，俾得并观，以俟天下后世之公论焉。"（《清圣祖实录》卷一百五十四）这的确是一个非常重要的决定，倘若修成《明史》后而把据以参考的明代史料散失无存，那将是严重的损失。但是，这样的事情在康熙帝身后真的发生了。到了乾隆皇帝时，他借修书之名，把许多带有"皇明"、"明"字或他们认为有问题的明代图书大量销毁。今日思之，仍令人慨叹!

康熙关于修《明史》的这种指导思想，在他在位时曾一再向臣下宣示。他说："《明史》关系极大，必使后人心服乃佳。《宋史》成于元，《元史》成于明，其中是非失实者多，是以至今人心不服……当今之世，用人行政、规模法度之是非，朕当自任，无容他诿。若《明史》之中稍有一不当，后人将归责于朕，不可轻忽也。”为此，他还专门写了一篇文章给大学士们看，并叫他们“晓谕九卿大臣”，让修史的人都知道。他在文章中以史为鉴，要求一定要修成一部能“使后人心服”的《明史》。他用24个字表达了他的决心：“明史不可不成，公论不可不采，是非不可不明，人心不可不服。”他认为，要做到以上几点，关键是不能苛求前人，不能用“责人重，责己轻”的态度去修史。他还以自身为例，做了深刻检讨：

> 朕四十余年孜孜求治，凡一事不妥，即归罪于朕，未尝一时不自责也。清夜自问：移风易俗，未能也；躬行实践，未能也；知人安民，未能也；家给人足，未能也；柔远能迩，未能也；治臻上理，未能也；言行相顾，未能也。自觉愧汗，何暇论明史之是非乎？况有明以来二百余年，流风善政，岂能枚举？（《御制文》第三集“敕谕”，另见《清圣祖实录》卷二百一十八）

的确，明朝200余年，给后世留下许多宝贵遗产，该肯定的要肯定，不能一概否定。一次，史官把写成的本纪、列传送康熙帝审阅。康熙帝看后，命熊赐履校雠。熊写签呈奏，对洪武、宣德本纪“訾（zǐ，评论人的短处）议甚多”。康熙帝阅后说：洪武（朱元璋）乃一代开基之主，“功德隆盛”；宣德（朱瞻基）是守成之君，两个人时代经历不同，“事迹悠殊”，但都是“励精著于一时，谟烈垂诸异世”，都尽到了为君的职责。我也是一代之主，也是“锐意图治，朝夕罔懈，综理万机”，希望登上治隆的盛世。如果对前代的贤君圣主横加挑剔，专门议论其是非，我非但“本无此德，本无此才，亦实无此意也”。他甚至说：“朕自反厥躬，于古之圣君，既不能逮，何敢轻议前代令主耶?”如若表扬洪武、宣德，写点论赞，还可以指示词臣“撰文称美”；如果“深求刻论，非朕所忍为也”（《清圣祖实录》卷一百五十四）。他充分肯定明代的成就说：“观明史，洪武、永乐所行之事，远迈前王。我朝现行事例，因之而行者甚多。”（《康熙政要》卷二十一）

当然，在封建时代，特别是清代前期文字狱流行的时代，要史官做到客观修史是很难的，几乎是不可能的。康熙帝对修史的指示虽然反复宣示，但也不能完全贯彻执行，所以《明史》在康熙朝未能修完。雍正帝即位后，重开史局，对《明史》又进行了新的审定。直到乾隆四年（1739），才最终定稿，得以刊行。

需要指出的是，康熙之所以对修《明史》表现出客观、宽容的态度，既是他个人品质使然，同时也是出于维护自己历史声誉的考虑。他说自己“不畏当时而畏后人，不重文章而重良心”，“若《明史》之中稍有一不当，后人将归责于朕，不可轻忽也”（《清圣祖实录》卷二百一十八）。为了避免后人的指责，他对送呈审查的《明史》稿本也拒绝修改，甚至表示“朕无一字可定，亦无识见，所以坚辞以示不能也”。一个封建帝王，在为前代修史时能够表示“畏后人”、“重良心”，能够考虑后世的公论，也是难能可贵的。《明史》在官修史书中之所以得到后人较高的评价，不能不说与康熙帝的修史思想有关。

当然，康熙帝关于《明史》的指示，是给当时人看的，更是给后人看的。他在位的61年中，清政府还是制造了大小文字狱多起。其中就有关于明史内容的庄廷鑨《明史》案和戴名世的《南山集》案。然而，康熙帝很懂得通过《明史》来彰显皇权的大公至正，特别是彰显他本人对明朝的公正态度。即使如此，康熙帝的修史指导思想还是应该给予肯定，他的做法无疑是明智的，对当代新修清史也有一定的借鉴意义。

作者简介

闻性真，又名闻性贞，1936年生，北京通县人。原北京出版社编审，享受国务院特殊津贴。曾发表《康熙与自然科学》、《康熙的医学与养生之道》、《康熙与农业》、《康熙与数学》、《拜上帝会与儒家思想》、《黄莲圣母事迹考》等论文。

雍正："说一丈不如行一尺"

李国荣

清代臣工奏事，分为折奏和面奏两种。奏折是清代特有的官方文书。它始行于康熙二十年（1681）前后，当时还只限于极少数亲信官员使用，是君臣之间的一种机密通信文书。到雍正时，奏折就作为大臣普遍使用的向皇上奏事进言的重要官文书，并逐渐确定下来。雍正皇帝几乎每天都要审批数以万字的奏折，他自己就曾说："各省文武官员之奏折，一日之间，尝至二三十件，多或至五六十件不等，皆朕亲自览阅批发，从无留滞，无一人赞襄于左右。"奏折成为雍正了解天下吏治民生的重要途径。

一、 没事找事奏报是耍小聪明

清朝文武大员具呈奏折，都是专门派家人或属员赴京，直接送达宫门。一个官员，一年究竟应该奏报几次合适呢？雍正在给陕西宁夏道鄂昌的一条朱批中，曾这样明确指示：遇有应该呈报的事情，就是在一个月内连奏几次也无妨；如果没有什么可奏报的，哪怕是几年没有折子送来，朕也不会怪罪你的。

雍正二年（1724）二月，云南曲寻武沾总兵杨鲲有折子谈到，日前在京陛见（陛：皇宫的台阶，陛见指面见皇帝）时奉旨，恩准每年用密折奏报两次，现谨派人送折子一次。雍正在批复中纠正道：并没有限定你每年一定两次，有要奏报的事，怎可拘于两次而不报；平安无事，何必非要凑够两次做什么。同年闰四月，主管漕粮运输事务的总督张大有请求，希望朝廷准许动用驿站马匹奏报漕运事务。雍正答复他：若有要紧奏折，可乘驿马送来；一般寻常的奏报，像某船经过某闸之类，不但不应当骑驿马，而且可以免去不奏。

有的官员无事找事，频繁上奏，用意是与皇上联络感情，讨好皇上，雍正对这种怀有投机心理的官员常常予以斥责。雍正三年（1725）二月，广东巡抚年希尧具呈三件折子，雍正看后发现，折内所谈之事早就曾经上报各部了，遂批道：已经报到部里的事，又何必多此一奏？是不是你广东省内没事可报而又非找事上奏才好？这么远的路途，专门派人送来这等无用奏折，不知你用心何在？

雍正认为，一件奏折，臣工缮写和皇上批阅都要耗费时间，递送人员一路往返费用也很大，因此没有必要的奏报实在是有害无益。尽管雍正很器重田文镜，但也曾因奏折过多而责怪他："你差人奏折特勤了，何必费此无益盘缠，况朕日理万机，亦觉烦琐。"

葛森是雍正做皇子时的藩邸旧臣，算是雍正的亲信。他在贵州当布政使时，也因奏折太多而受到雍正的责难：路途这样远，若没有什么必奏不可的事，就不要徒劳往返了，如果把不时呈报密折，作为"挟制上司、恐吓属员之举，尤其不可"，这不过是"倚仗小才技，弄聪明，非长策也"。

二、若能实力奉行胜过来陛见十次

雍正不仅要求百官减免不必要的折奏，对陛见面奏控制得也很严。雍正三年十月，贵州巡抚石礼哈奏请陛见，希望当面奏报地方事务，聆听训旨，雍正批示："道路甚远，不必无益之往来。便再来陛见，亦不过朕批来之旨教勉你耳。若能实力遵行，胜来陛见十次也。"同样的批示，还见于雍正八年（1730）正月湖广襄阳总兵杨鹏奏请陛见的折子上："你若能恪尽职守，遵朕训谕，实力奉行，凡所见所闻据实入奏，不欺不隐，比起千里迢迢来京见朕行套礼不知要强多少倍了。"

一次，新任湖广提督张正兴请求陛见，雍正批谕：你刚刚到任不久，临行前朕已谆谆训谕，还有什么可说的？"若不能心领实力奉行，便频来陛见，何益之有！"

雍正帝对广东布政使甘汝来奏请进京陛见的批评更为尖锐，他说：所奏实属无知，"朕指示汝莫务虚名，莫务小惠"，"实力实心，勇往办事"，此类谕旨已是多次，你不实力遵行，而总是请求觐见图虚荣，如此"来往万余里，旷职奔走道途，实不解汝是何意见"。这里，雍正强调的是，臣工不当把心思放在与皇上见面上，重要的是不欺不隐，实心办事。

雍正就是这样，他考察百官重的是行，而不是言。他所关注的是文武大员们是否实实在在地干事，而绝不在于报告打得是否勤，说的是否动听悦耳，用雍正自己的话说就是："只务实行，不在章奏"，"说得一丈，不如行得一尺"。

三、 报喜更要报忧

雍正认为，地方情况如实上达，是朝廷制定治国安邦行政措施的重要依据。关于这点，他曾对湖南巡抚王国栋说：朕就是有神仙一样的本事，也不过是根据你们这些地方大吏奏报的情况来料理决断。因此，他反复告诫内外百官，务必据实上奏言事，万万不可隐饰。雍正二年二月，新任江西布政使常德寿在赴任前夕进宫陛见，雍正当面训导他："你到江西要实心任事，洁己奉公，一毫不欺，凡事据实奏闻，务使有益于地方民生。"雍正六年（1728）六月，江南崇明水师总兵林秀奏报地方米价等事，雍正在批复中叮嘱道："一切奏陈，务宜据实无隐，不可丝毫虚饰，以蹈欺蔽之咎。"

雍正警告臣工，如果奏报的不是真实情况，实在是有害无益。他在广西巡抚金鉷（hóng）的一件奏折上批示：凡所奏事宜，不可有一字欺骗隐瞒，一点儿都不能粉饰含糊。他尤恐这样说还强调得不够，又晓谕道："切记之，事情无论巨细，但务一据实不隐。"雍正接着谈到，地方百官都能如实奏报了，当皇上的才能倚赖不疑，这样就是诸臣没有折子送来，朕也放心。不然的话，不知道你们隐瞒了什么事没有报，也不知道你们奏报上来的又是怎样粉饰的，则朕没有一时一刻不在忧虑了，这不是爱朕，"正所谓苦朕之举"。

封建官场报喜容易报忧难。雍正要了解天下真实情况，对报喜亦报忧、敢讲逆耳忠言者多加褒奖。自雍正元年（1723）开始，翰林院检讨孙嘉淦（gàn）屡次上书皇上，直言时政弊端、君王过错，甚至弹劾皇亲。雍正公开表示"服其胆"，对朝中九卿大员说：朕即位以来，孙嘉淦凡遇国事总是直言极谏，毫无顾虑，朕不但不怪责他，反而一再加恩，朕就是鼓励众臣直言。

雍正年间，署理四川、陕西两省军政要务的总督岳钟琪，就因为"报忧"而多次受到雍正的夸奖。雍正三年五月，岳钟琪将他四月间自西宁起程前往平凉沿途所见地方少雨情形奏报，雍正夸赞道："凡地方事情，皆如此据实不加丝毫隐饰方合朕意。朕所望内外大臣者，即此一真字耳。"贪官污吏压榨百姓的惯用手法就是摊派克扣，岳钟琪将川陕两省乱摊乱派的名目进行综合，共有三十多项，他把这一情况如实奏报朝廷。雍正夸赞岳钟琪毫不护短，一片苦心，朱笔批示"此奏甚属公诚"。

乾隆皇帝与西洋画家

吴伯娅

乾隆帝具有多方面的爱好和才能，对绘画有着浓厚的兴趣，对来华的传教士画家颇为青睐。郎世宁、王致诚、艾启蒙、潘廷璋、安德义、贺清泰都是他的御用画家。其中，郎世宁、王致诚与他的关系尤为密切。

郎世宁，意大利人，康熙五十四年（1715）来华，从此留居北京 51 年，以绘画供职内廷，历仕康熙、雍正、乾隆三帝，在中西文化交流史上写下了绚丽的一页。

进入清廷，面对一个崭新而又陌生的环境，作为一个受过良好训练的西洋画师，郎世宁清楚地看到中西美术的不同之处。为了博得清朝皇帝的欢心，他注意学习中国画的表现方法，对自己所掌握的西方油画技巧进行调整，走中西融合的道路，以符合清朝皇帝的艺术趣味和中国传统的审美观。

早在乾隆登基之前，郎世宁便与他有了联系。郎世宁所绘、至今仍保存在北京故宫博物院的《平安春信图》可以为证。图中画有梅、竹、湖石，长幼二人于竹下花前同赏手中之折枝梅。画上盖有“太上皇帝之宝”、“古稀天子”等印，并有乾隆帝的题诗：“写真世宁擅，绘我少年时。”

乾隆元年（1736），郎世宁为乾隆皇帝绘制了多幅精美的图画，题材有山水、花鸟、人物、年节画等等。其中最重要的一幅画，是他与唐岱、沈源合笔绘制的《圆明园图》。这幅画充分展示了圆明园的美丽景色，深得乾隆帝的欢心。为此，乾隆帝曾两次颁赏，赐郎世宁、唐岱等人人参、绸缎、貂皮等物。此外，郎世宁还在同年八月，乾隆帝25岁生日时为他绘制了半身肖像画。这幅画较欧洲肖像画法有了不少改变，但与中国传统肖像画的绘画技法又有不同，深得乾隆帝的喜爱。

乾隆二年（1737），郎世宁继续为圆明园绘制室内装饰画。翌年年初，他身患疾病。乾隆帝极为关切，赏银100两，供其养病之用。四月初，郎世宁病情好转，乾隆帝特许他在家作画，不必出门奔波。

清朝皇帝对意大利传教士郎世宁的赏识与器重，引起了法国传教团的极大关注。法国传教团要求国内选派有才华的画家来华传教，用绘画获取中国皇帝的欢心，以便于法国传教士的在华传教活动，扩大法国在东方的势力和影响。在这种情况下，法国耶稣会特派画家王致诚来华。

王致诚，法国人，乾隆二年年底，从法国启程，航海东来，次年到达中国。随后以“技艺之人”，蒙召进京。抵京之后，他将自己的作品《三王朝拜耶稣图》进呈御览，博得了乾隆帝的欢心，命入内廷供奉，从此开始了他长达30年的宫廷画师生涯，也开始了他与郎世宁的长期合作。

郎世宁来华之后，曾经历了一个逐步适应的过程。王致诚也不例外，而且有着比郎世宁更为强烈的感受。这些在他寄往欧洲的信中有着详尽叙述，由此，我们可以看出一个西方画家在进入清廷之后的艺术转变及其心路历程。例如，他在寄往欧洲的信中写道：“我一天接一天地作画，连星期天和节日都几乎没有时间祈祷上帝。……除了给皇帝的兄弟，他的妃子，其他皇子公主，亲信大臣们画像以外，我几乎没有按欧洲方式作过画。我必须忘掉我所学过的东西，用一种新的方式作画来适应中国人的趣味。”

他还写道：“我们都是奉旨作画。我们先作草图，皇帝看后提出修改要求。不管他的要求是否合理，我们都得照办，不敢多说什么。”最后，他表明了自己的心迹：“要不是相信我的画笔对我们教会有用，能够使皇帝对我们传教士们施恩，如果看不到我委曲求全努力工作的前景，我真会马上回欧洲去。那前景是唯一能把我和其他为皇帝服务的欧洲人留在此地的原因。”

正是出于对传教事业的执著追求，郎世宁、王致诚克服种种困难，长期为清廷服务，绘制了大量精美的作品。题材有人物画、风景画、花鸟画、年节画、扇画、珐琅画等等。其艺术水准正如史书所评：“凡名马、珍禽、奇花、异草，辄命图之，无不奕奕如生。”

作为宫廷画家，郎世宁、王致诚不仅为乾隆帝绘制了赏心悦目的艺术精品，满足了他的闲情逸致，还充当了史官的角色，用绘画的方式记录了清廷的庆典、习俗以及重大的政治事件，为乾隆帝的文治武功留下了生动的形象资料。这些纪实画既有很高的艺术价值，又具有独特的史料价值。

乾隆十八年（1753），厄鲁特蒙古杜尔伯特部首领车凌、车凌乌巴什、车凌孟克带领属下3000多户1万余人离开原牧地，到达清朝定边左副将军的驻地乌里雅苏台，归附清朝。乾隆帝对三车凌的归附极为重视，妥善安排了他们的生活。乾隆十九年（1754）五月，在热河避暑山庄隆重接待三车凌，封王晋爵，赏赐金帛，并连续多日在万树园为三车凌举行盛大宴会，欢庆活动达10日之久。

为了用图画记录下这一历史事件，王致诚奉命赶往避暑山庄进行创作。他被告知“要一点不漏地把庆典场面都画进图里，才能取得皇上的欢心”。为此，王致诚自始至终出席了庆典，他仔细观察，认真构思，绘出草图。随即他又奉命为三车凌等 12 位厄鲁特首领画像。他先画出一幅，进呈御览。乾隆帝很满意，要求他加快进度，在 6 天内画完其余 11 幅肖像。

继三车凌之后，辉特部台吉阿睦尔撒纳也率众归附。乾隆帝决定以接待三车凌的规格接待阿睦尔撒纳。乾隆十九年九月二十三日，他命郎世宁、王致诚、艾启蒙共赴热河避暑山庄，用画笔记录庆典活动。十一月，乾隆帝在避暑山庄接见阿睦尔撒纳。郎世宁奉命为阿睦尔撒纳等 10 位辉特部首领画像。

从热河返京之后，郎世宁、王致诚便开始绘制反映乾隆帝接见三车凌和阿睦尔撒纳的历史事件的重要作品。乾隆二十年（1755），他们完成了两幅大画。一为《万树园赐宴图》，描绘了乾隆帝在避暑山庄万树园设宴招待杜尔伯特部首领的情景。一为《马术图》，描绘了乾隆帝率文武官员和辉特部首领在避暑山庄观看马术表演的场面。这两幅画分别由王致诚、郎世宁设计并主绘，中外画家合笔完成。它们至今仍保存在北京故宫博物院，既是清代民族关系的真实写照，也是 18 世纪中西文化交流的历史见证。

三车凌和阿睦尔撒纳的归附，增强了乾隆帝的平准决心。乾隆二十年，清廷派两路大军进征准噶尔。为了表彰阿玉锡的战功，郎世宁遵旨绘制了《阿玉锡持矛荡寇图》。这是一件肖像式的作品。郎世宁以他擅长的写真技法，精细、真实地刻画了一个蒙古族勇士的形象。

乾隆二十四年（1759），清廷平准平回，统一了新疆。这一胜利将郎世宁、王致诚等人的纪实画创作推向了高潮。这一年，郎世宁绘制了《玛瑺斫（zhuó，用刀斧砍）阵图》一卷，刻画了在平定准部的战斗中，带伤奋战的勇士玛瑺的英姿。此后，他与王致诚、艾启蒙、安德义共同绘制了一套《乾隆平准平回战图》，亦称《得胜图》。这套图共有16幅，宣扬了清廷在军事上的辉煌胜利，深得乾隆帝的欢心。乾隆帝决定将这套图送往法国制成精美的铜版画。乾隆二十九年（1764）十一月五日，传旨“将郎世宁所起平定伊犁等处得胜图稿16张，陆续交粤海关监督转交法国，着好手人照稿刻做铜版。其如何做法，即著郎世宁写明一并发去”。

郎世宁、王致诚数十年如一日，以精湛的画技为清廷服务。为此，乾隆帝多次对他们进行嘉奖赏赐，在郎世宁70岁时，还特意为他庆寿。乾隆三十一年（1766）六月十日，郎世宁病逝。乾隆帝特赐他侍郎衔，并赏银300两为他料理丧事，将他的遗体安葬在北京阜成门外外国传教士的墓地内。墓碑上写着：“乾隆三十一年六月初十日奉旨：西洋人郎世宁自康熙年间入值内廷，颇著勤慎，曾赏给三品顶戴。今患病溘逝，念其行走年久，齿近八旬，著照戴进贤之例，加恩给予侍郎衔，并赏给内府银三百两料理丧事，以示优恤。”乾隆三十三年（1768）十月三十日，王致诚也病逝于北京。

唐鉴及其《畿辅水利备览》

王培华

一、嘉道时京粮供应的紧张局势及畿辅水利思想的兴起

在清朝，京城皇室百官军队的粮食，一直依赖运河漕运东南地区粮食来供应。这种方式始于元朝至元十二年（1275）。明清两朝，每年漕运定额为米400万石，其中北粮（山东、河南的漕粮）75万石，南粮（南直隶、浙江、江西、湖广漕粮）324万石。每年实运500万石到北京和通州仓库储藏。

南粮北运的最大问题有二。一是运费昂贵。据统计，每年的漕粮实运500多万石，而运至京城的实际花费却高达1400多万石，这不仅加重了南方的负担，使江南漕重、赋重、民困，而且严重影响了南方社会经济的发展。二是由于黄河失修等多种原因，使运河失去漕运条件。至道光年间（1821—1850），由于黄河淤淀更加严重，黄水倒灌，冲毁运道，使漕船挽运困难。之后又引黄济运，结果运河河床日高，漕船渡黄困难。山东运河水量不足，重运船只在中途浅阻，只能回空船在北方“守冻”过冬。以上这些因素，使嘉道之后的漕运日趋艰难。

道光三年（1823），畿辅（指国都附近地区）大水，淹没民田庐舍，灾民待哺。咸丰元年（1851），太平军起义爆发，农民军一路北上，于咸丰三年（1853）占领南京，江南有漕省份，都在太平天国的范围内，运河日益梗阻，漕运艰难，京师粮食供应更加困难了。

面对京师粮食供应紧张的局势，当时的士大夫们纷纷讨论解决问题的办法。讲求经世之学者提出两种主张，一是主张海运东南漕粮，二是主张发展畿辅的水利。由此产生了多部有关畿辅水利的著作。比较著名的有林则徐著《畿辅水利议》、潘锡恩著《畿辅水利四案》、吴邦庆著《畿辅河道水利丛书》、蒋时进著《畿辅水利志》等。其中，唐鉴所著《畿辅水利备览》是较早的一部，具有引领风气的作用。

二、《畿辅水利备览》的主要内容

唐鉴，字镜海，湖南善化人，嘉庆十四年（1809）进士。他往来南北，留心考察南北方不同的土地利用方式，尤其关注直隶（今河北）农田水利。

元明清以来，江南籍官员学者主张发展西北水利（含畿辅水利）的思想潮流不断发展、完善，延续数百年。唐鉴身处嘉庆、道光时讲求海运和畿辅水利的潮流中，当时浓厚的讲求畿辅水利之风，对他产生了深刻的影响。唐鉴本人有经世之学，关心江南民生利病，同时也关心畿辅水利。他曾担任江安粮道，督运漕粮到京，对漕运的艰难和弊端深有体会，因此致力于改变漕运之弊。他提出的方法之一是，就近发展畿辅水利，缓解京师对东南的依赖。

大约在嘉庆十六年至道光元年（1811—1821）间，唐鉴著成

《畿辅水利备览》十四卷。道光十九年（1839），刊刻成十二册。他编著此书的目的是发展畿辅水利，解决京师粮食供应，以及北方水旱灾荒问题。

《畿辅水利备览》卷首《臆说》，提出发展畿辅水利的主张。卷一至卷六《历代水利源流》，论述历代河道变迁及畿辅各河水利灌溉的历史。卷七至卷十《经河图考》，考证畿辅河流的水道曲折、河道变迁等。卷十一至十四《纬河图考》，考证直隶九府五州水道，尤详于天津水道。这是清代第一部海河流域水利史。

在书中，唐鉴论证了发展畿辅水利的必要性和基本方法。他说，东南财赋甲天下，元明清时，京师粮食依赖东南，西北日益贫乏。西北六省，约计有耕地1000万余顷。每顷征粮5石，大约能征收5000万石粮食，其中，实征粮1000万石，另外4000万，折合成银，征银1600万两，不但可以缓解对东南的压力，还可以裁撤漕运经费，用于治理黄河。他还提出了具体意见，即北方河流泥沙多，可以淤灌；海河流域下游地区，地势低洼，取水便利，引水容易，发展水田见效快，但不久就会填淤湮没；因此，下游应多施行围田，上流多开引河，还要掘井来补雨泽不足。

时人对《畿辅水利备览》评价颇高。当时的官员如陶澍、陆建瀛、何桂珍、吴邦庆、林则徐、曾国藩等都读过这部书，吴邦庆、林则徐的畿辅水利著述，都受到唐鉴的影响。

三、《畿辅水利备览》的影响和贡献

唐鉴提出，应该由有能力的大臣来主持发展畿辅水利。道光二十年（1840），他致信钦差大臣林则徐，陈述发展畿辅水利的主张。次年秋，林则徐在河南河工效力，唐鉴再次致书，请林则徐主持发展畿辅水利，并赠送《畿辅水利备览》。同时，唐鉴还向翰林院编修何桂珍陈述《畿辅水利备览》主旨，主张要由明晓农务之人来经理此事。但是，由林则徐主持发展畿辅水利的提议，受到当时直隶总督的阻挠。

咸丰元年（1851）唐鉴赴京，咸丰帝召对（君主召见臣下，令其回答相关问题）15 次。唐鉴向咸丰帝陈述了他关于畿辅水利的想法，并将《畿辅水利备览》送呈军机处。咸丰三年（1853），唐鉴正主讲金陵书院，太平军已经打到湖南。他急于回湘守卫家乡。在如此紧迫的形势下，唐鉴再次向咸丰帝进奏《畿辅水利备览》。朝廷命给直隶总督桂良阅看，并要求在平定太平军后，酌情办理。

咸丰十一年（1861），唐鉴去世前准备了三篇遗疏，寄给两江总督曾国藩代奏。其中之一就是《进畿辅水利备览疏》。唐鉴临终要曾国藩代为上奏，说明唐鉴对畿辅水利的重视。

但是，限于政治经济和自然条件等因素，唐鉴《畿辅水利备览》中的思想主张，在当时没有能够实现。元明清江南籍官员学者倡议畿辅农田水利的主要目的，是减轻南漕压力。随着招商海运、改折减赋、漕粮折征银两，以及后来东北农业发展、国内粮食贸易的活跃，京师无需依赖漕粮，因此发展畿辅农田水利的根本目标不存在了，其迫切性也就不存在了。同时，由于清后期北方气候日渐干旱，缺乏地表水资源，为了缓解旱情，北方各省大兴凿井，而且畿辅雨热季节，与水稻生产季节不相适应，发展畿辅水稻生产的基本条件受到了限制。

尽管如此，唐鉴的水利思想在现在看来，仍然有其现实意义。

首先，有助于认识并解决区域经济不平衡发展的问题。元明清时，南北发展很不平衡，北方比较落后，南方经济发达但赋税负担重。江南人民逐渐产生反对专制主义中央集权的思想，南北对立的社会情绪和思想潮流也由此萌发，并延续了七百余年。历史的教训，值得记取。

其次，有助于认识解决北京粮食和水资源问题的紧迫性、重要性和艰巨性。南粮北运到京师，费用剧增，大大增加了南方纳税户的经济负担。现在，南粮北运的问题不存在了，但水源不足仍是困扰北京的大问题。南水北调，能否最终解决北京的水资源问题？会不会引起南北区域的再次对立？这些问题都是值得认真思考的。

再次，有助于了解清代江南官员学者关于畿辅水利的思想历程。道光年间产生了多部畿辅水利专著，《畿辅水利备览》是第一部，为后世留下了宝贵的思想资料。

作者简介

王培华，女，1962 年生，山东文登人。博士，北京师范大学教授、博士生导师。主要研究中国古代史、历史地理与环境变化等。著有《大江东去——兴旺盛衰启示录》、《元明北京建都与粮食供应》、《元明清华北西北水利三论》等专著，发表学术论文 60 余篇。

刘铭传与台湾近代化建设

李祖基

提起台湾的近代化建设，必然要与刘铭传联系在一起。刘铭传（1836—1896），字省三，安徽合肥人。原为淮军将领，1884年中法战争爆发后受命以巡抚衔督办台湾军务，率领台湾军民浴血奋战，给予入侵的法国军队以沉重的打击，挫败了侵略者“据地为质”的图谋。战争结束后，清廷正式宣布台湾建省，任命抗法有功的刘铭传为首任台湾巡抚。在6年的巡抚任上，刘铭传呕心沥血，全力经营，为台湾的近代化建设作出了巨大贡献。

一、增设府县，完成建省工作

1885年10月12日（光绪十一年九月五日），清政府宣布台湾设立行省。刘铭传与闽浙总督杨昌濬（jùn）会商筹议，向清廷提出了台湾建省的各项事宜。首先，他认为闽、台本为一省，今台湾虽然改设行省，但仍须与福建连成一气，保持两者之间唇齿相依、内外相维的关系：巡抚不称台湾巡抚，而称“福建台湾巡抚”；文武科举仍归福建应试；闽台盐务，不必分办，每届奏销，由福建盐法道汇核造报；按照建省规制，选择位于全岛中央的彰化定为省会，以期南北兼顾。接着他又对台湾郡县进行添改裁撤，重新设定行政区划：在中部省会设立首府，曰“台湾府”，附郭首县曰“台湾县”；原台湾府改为台南府，原台湾县改为安平县。另划嘉义以东、彰化以南长约百余里之地为云林县，分新竹以南沿山新垦地带为苗栗县，升卑南厅为台东直隶州；在省会建成以前，以台北为施政中心。全省下辖三府十一县三厅一直隶州，划界分守，奠定了以后台湾地方行政区划的基础。

二、 整顿军备， 加强海防

清代台湾军务废弛，将贪兵猾，浮冒极多，战斗力很弱。刘铭传上任后大力整顿，汰弱留强，只留35营，全部改用洋枪，聘请外国教习，加强训练，并重新部署兵力。他聘请外国技师，采用钢筋水泥重建、改建澎湖、基隆、沪尾、旗后和安平等各海口要地炮台共13座。又从国外购进阿姆斯顿新式后膛钢炮31尊、沉雷60、碰雷20，配置其中。为了防止敌军封锁，他又在台北创设军械机器局制造枪炮子弹，同时建造军械所作为贮存之所。鉴于台湾内山原住民部落尚未开发而屡次成为列强觊觎的目标，刘铭传将招抚山地原住民部落和开发内山作为巩固防务的重要措施之一。1886年于大科崁设垦抚总局，在各重要“番”区设抚垦局，采取招抚政策，对已就抚的部落订立规章，给予粮银，教以耕织，施医施药，设立“番”学堂，收到较好的效果。在招抚中还开通了一条西起彰化集集埔，东至花莲水尾、长达183里、横贯中央山脉的大路，将台湾东西海岸连成一片。经过整顿，台湾的防务力量日见充实。

三、 整理财政， 增加地方收入

清代台湾赋役制度极为混乱，田园赋则不一，农民负担轻重不均，隐田极多，常常种百亩之地，不过报数亩之田，田园虽日辟日广，但田赋并不增多。为了清除积弊，增加收入，达到“以台地自有之财，供台地经常之用”的财政自立之目标，刘铭传于1886年在台北、台南各设清赋总局，清查田赋。全台清赋工作仅用3年全部完成，共丈得民业田园43.2万余甲，相当于旧额田园的6倍。田赋收入每年可达银67万余两，扣除补水平余外，每年实际比原来增收银36万余两。除田赋外，刘铭传在其他税收（如茶税、盐税、樟脑硫磺税、洋商子口税等）的整顿上也卓有成效，全省年财政收入达银200多万两，为台湾地方的近代化建设提供了物质基础。

四、建设基础设施，发展交通、通讯及邮政事业

刘铭传早在1880年（光绪六年）应召进京时，就上了“筹建铁路以求自强折”，提出以北京为中心，全国南北分修四条铁路的主张。尽管这一计划遭到保守派官员的反对而未能实现，但刘氏心中“铁路为国家血脉、富强生计”的理念并未有改变。在台湾近代化的建设中，刘铭传尤其致力于交通的建设，制定了由民间商人集资百万，修筑自基隆至台南的铁路计划，并亲自订立《商办铁路章程》。1887年成立全台铁路商务总局，聘请德国人毕克尔、英国人马礼逊为工程师，动工兴建。1891年基隆至台北段通车，1893年台北至新竹段建成，全线共106.7公里，奠定了台湾纵贯铁路的基础。在当时，除直隶之外，台湾是全国第二个拥有铁路的省份，而且这是中国人自建自办的第一条铁路。

刘铭传还参照沈葆桢及丁日昌的原定计划，架设电报电缆，发展电讯事业。陆路自基隆、沪尾（今淡水）合至台北，再延伸至台南。水路两条，一自沪尾至福州川石，一自安平至澎湖，由

英商怡和洋行承包敷设，于1888年全部竣工。水陆两线共长1400余里，大大改善了台岛内外的电讯文报往来。同时，刘铭传还裁撤旧有驿站，创立新式邮政。在台北设立总局，各地设分局，发行邮票两种，官用邮票不收费，民用邮票按站收费，自台北到台南共13站。同时还备有邮船两艘，不定期往来本省各港及福州、上海，递送外洋信函。当时大陆的邮政还附属于海关之内，刘铭传这一创举比大陆早了10年。

五、 兴办新式企业， 发展地方经济

刘铭传在台湾巡抚任上创办了许多新式企业，较重要的有煤务局、脑磺总局、招商局、煤油局等等。基隆煤矿为我国最早的机器采煤厂之一，早期经营不善，赢利不多，中法战争中又遭受严重破坏。刘铭传以台煤为船厂、机器局、轮船等所必需，乃于1887年设煤务局，筹集资金，添购机器，雇用英国技师，悉心经营，产量有所恢复，日产煤百吨，但仍有亏折。为了摆脱困境，刘铭传奏请把煤矿交归商办，清廷不允，还予以革职留任的处分。樟脑是台湾的特产，其出口向为外商所垄断。1886年，刘铭传设脑磺总局，把樟脑、硫磺收归官卖，以所得赢利补贴地方财政。招商局设于新加坡，由侨商等集资购买轮船，航行于大陆沿海及南洋等地，打破了外轮对台湾航运的独占。煤油局设于苗栗，开采油矿，产量虽不多，但意义重大。

刘铭传还积极推动台北的市政建设。划出临近淡水河的地方为商埠，由富商投资修建街市，招徕浙江商人，集资成立“兴市公司”。购买蒸汽碾路机，开筑道路；兴办自来水公司和医院，设置专管市内卫生的机构。1888年又装设电灯，建造淡水河铁桥等等。数年之内，台北已成为一个市容整洁、粗具规模的近代化

都市。

六、施行新式教育，培养建设人才

刘铭传对吸收西方先进科学知识、培养近代化所需的人才一向十分重视。赴台之后，他进一步感觉到近代化建设对人才的迫切需求。1886 年开始架设电报线后，首先创办电报学堂培养技术人员，以应急需。

1887 年起刘铭传又在台北大稻埕（chéng）创办西学堂，聘请英国及丹麦人为教习，学生一律公费，上下午专习西学，课程有英法语文、地理、历史、算术、物理、化学、测量、绘图、制造等科。早晚则由汉教习督课国文。1889 年，他又在台北创办番学堂，专门培养原住民人才。西学堂的创办及科学教育的推行是刘铭传建设台湾中最有意义的一项。当时全国设有公立新式学堂的省份寥寥无几，而台湾则为其中之一。

刘铭传任台湾巡抚，主持省政共 6 年（1885—1891）。在这短短的几年之内，他克服重重困难，在甲午战争前，已把边疆海岛建设成为近代中国先进的省份之一。对于他的业绩，世人给予充分的肯定。台湾籍历史学家连横在 1918 年著的《台湾通史》中，称赞刘铭传是“大有功于国家者”，“其功业足与台湾不朽”。

曾国藩立誓“不靠做官发财”

张宏杰

清官往往很在乎“清誉”，但晚清重臣曾国藩却唯恐得到“清廉”之名。他说：“余生平以享大名为忧，若清廉之名，尤恐折福也。”虽然内心操守坚定，但表面上他却和光同尘，不求自己的清廉为人所知。这种以“浑”为表以“清”为里的居官方式，在中国历史上十分罕见。

30岁那年，即道光二十年（1840），曾国藩入京为官。从这一年六月初七起，曾国藩立定了“学作圣人”的大志，开始记修身日记。“好利之心”是程朱礼学特别着力克制乃至消灭的“人欲”之一，自然也是曾国藩的重要反思内容。二十九年（1849）三月二十一日，时任礼部尚书的曾国藩在写给其弟的家信中说：

> 予自三十岁以来，即以做官发财为可耻，以官囊积金遗子孙为可羞可恨，故私心立誓，总不靠做官发财，以遗后人。神明鉴临，予不食言。

明清京官之苦，时人皆知。作为七品京官的曾国藩年俸仅为45两，外加作为津贴的“恩俸”和“禄米”也不过135两。而后来的张之洞曾给京官算过账：“计京官用度，即十分刻苦，日须一金，岁有三百余金，始能勉强自给。”弥补这样大的收支赤字只有两法：一是收受外官的馈赠，二是借贷。外官收入丰厚，为了构建关系网，每次进京，都要给熟悉的京官们送礼，名为“冰敬”、“炭敬”、“别敬”（意为夏冬买冰买炭等费用）。这笔馈赠，少则数十两，多则数百两。但是曾国藩很少利用手中权力为人办事，所以这种馈送次数很少，于是借债就成为他经济来源的主要部分。因为人品好，曾国藩借钱比较容易。至道光二十二年（1842）年底，曾国藩已累计借银400两。这一时期，他在家书中多次出现“借”、“欠”、“窘”的字样，艰难情状，跃然纸上。

道光二十七年（1847），曾国藩被授内阁学士兼礼部侍郎衔，从四品骤升二品，超越四级。两年后又补礼部右侍郎。按清制，侍郎级高官，年俸加上恩俸和禄米，年收入可达620两，此外还有一笔外省所解之照费、饭食银约800两稍作津贴。这两项加起来，共1420两。但是随着交往等级的提升，开支也随之增加，比如交通费一年至少就要400两，身为侍郎的曾国藩仍是一介穷京官。

道光二十三年（1843），曾国藩到四川任乡试正考官。正主考的差旅费定为2000两银子，而实际的路途花费不足1000两。仅此一项就可以省出千余两银子。乡试结束时，地方官场还要送给主考官员一笔“辛苦费”，也在千两左右。这笔收入，在当时是公开合法的。从四川回来后，曾国藩的经济状况大为改善。不但京中所欠的数百两债务全部还清，还寄回家1000两银子，分别用于还债和赠送族戚，他说：“家中之债，今虽不还，后尚可还，赠人之举，今若不为，后必悔之！”

咸丰二年（1852）曾国藩墨绖（dié，指服孝）从戎，创建湘军，从此开始了11年镇压太平军的戎马生涯。晚清军队是腐败最烈的所在。吃空额、扣兵饷、出售兵缺，以及在军营中设赌收费都是军官们最普遍的营私方式。曾国藩曾说：“武弁自守备以上，无不丧尽天良！”即使清廉之员，也可以凭“截旷”和“扣建”致富。国家统计的军饷，是足员足月的全额。但一年当中，军队常有兵员死亡、退伍或者被淘汰，以新兵补充。新旧兵员不可能当天衔接，这中间会有空缺。空缺时的饷银就节省下来，叫做“截旷”。国家计饷，都按每月30天算，农历小月只有29天，省下的一天军饷扣下来，叫做“扣建”。这两笔银子本应上缴国库，但实际上谁都没有缴。日积月累，为数甚巨。比如李鸿章带淮军几十年，截旷和扣建积累巨大。他把其中一部分银子存在直隶藩库中，作为自己的“小金库”，死后还存有800万两。

但曾国藩的宦囊并没有因此而丰富。初出山之时，曾国藩再度表示：“不要钱，不怕死。”统兵之后，可以支配的金钱虽多，但他为“风示僚属”和“仰答圣主”，把自己的部分收入捐给了战区灾民，寄回家的钱反而比以前少了。

曾国藩打定主意不多往家寄钱，不仅因为要保持清廉之节，还因为他认定从小经过生活磨炼的人更容易成大器。“若沾染富贵习气，则难望有成”。他在家信中说：“吾不欲多寄银物至家，总恐老辈失之奢，后辈失之骄，未有钱多而子弟不骄者也。”

咸丰七年（1857），曾国藩的父亲病逝。咸丰帝批准他回家守制三年。曾国藩此次回到老家，了解到他在外时，曾家经济上非常困难。因为曾国藩的妻小都已经从北京回到了湖南老家，家里经历了母亲丧事及儿子曾纪泽婚事等大事，花费巨大，仅靠土地收入根本不够。老父亲不敢向他张口，百计营求，难堪异常。曾国藩在给曾国荃的信中说，以前“令老父在家，受尽窘迫，百计经营，至今以为深痛”。

曾国荃自咸丰六年起追随曾国藩领兵打仗，一贯贪财好货，曾国藩对他多有批评。这次家居后再出山，曾国藩调整了态度。

在他的默许之下，咸丰八年起，曾国荃每攻克太平军占领地区，得到“战利品”后，都要请假回家，买房置地。对此，曾国藩虽然也偶有批评，但对其弟替他“照顾家族”的“功劳”是肯定的。他晚年时说：“余兄弟姊妹各家，均有田宅之安，大抵皆九弟扶助之力。”不过他自己还是恪守“不要钱”的誓言。

从咸丰十年（1860），被任命为两江总督，直到同治十一年（1872）去世，曾国藩一直官居一品。清代一品大员的固定收入是年俸，金额不过180两；而养廉银一年1.5万两，是年俸的84倍。但是，对于大部分官员来说，他们更大宗的收入是“规费”。清政府默许地方官员在国库定额税粮之外以“办公费用”名义浮收一部分税款，一般在正税额的十分之一上下浮动。这个习惯性的限度，据历史学家研究，巡抚总督级的官员是18万两。据此，曾国藩在一品大员的高位上做了13年，总收入应该不超过240万两白银。那么曾国藩一生积蓄了多少钱呢？同治七年（1868）十一月，他在家信中说，自己一生所积不过养廉银1.8万两，这明显与总督级官员的平均收入不符。其他的钱哪去了呢？首先，曾国藩拒绝或者整顿了许多其他官员欣然笑纳的不合理的陋规。其次，即使那些“合法的”甚至可以说是光明正大的收入，他也大多用于公务。第三，在人情往来、官场应酬上，曾国藩尽量从俗。对这些开销，他从不吝啬。同治八年正月，曾国藩由两江总督改授直隶，入京陛见。在给儿子的信中，他说：“余送别敬一万四千余金，三江两湖五省全送，但不厚耳。”总共给京官送了1.4万两的礼，仍然自觉不厚。

虽然官至极品，但曾国藩晚年生活仍然保持俭朴习惯。薛福成拟的《代李伯相拟陈督臣忠勋事实疏》中有这样一段文字：

其（曾国藩）本身清俭，一如寒素。官中廉俸，尽举以

> 充官中之用，未尝置屋一廛（chán，平民住所），增田一区。疏食菲衣，自甘淡泊，每食不得过四簋（guǐ，古代食具）。男女婚嫁，不得过二百金，垂为家训。有唐杨绾（wǎn）、宋李沆（hàng）之遗风（杨、李二人分别为唐宋名臣）。而邻军困穷，灾民饥馑，与夫地方应办之事，则不惜以禄俸之赢余，助公用之不给。

这段叙述，应该说并没有过分夸张。曾国藩爱穿着家人为其纺织的土布衣服，不爱着绸帛。曾国藩升任总督后，其鞋袜仍由夫人及儿媳、女儿制作。当时每晚南京城两江总督府内，曾国藩夜阅公事，全家女眷都在麻油灯下纺纱绩麻。通常他每顿饭只有一个菜，“绝不多设”。

同治十一年，曾国藩在两江总督官署去世，终年61岁。他生前曾留下遗嘱，丧事概不收礼。但曾国荃建议曾纪泽不要遵守此项遗嘱，因为，一品大员的丧事，“实非巨万可以了”，关系密切者，“似可以酌受”。但曾纪泽拒绝了此项建议。曾国藩自以为生前给自己留下的养老钱“极丰裕”，然而办完丧事后，已经所剩无几。

作者简介

张宏杰，1972年生。渤海大学中国文化与文学研究所副所长。著有《大明王朝的七张面孔》、《中国皇帝的五种命运》等。

光绪帝之死

戴　逸

"光绪帝之死"是上世纪初发生的重大历史事件。在距今100年前的1908年（光绪三十四年），名义上是清朝皇帝，实际却被囚禁于瀛台的光绪帝和统治中国近半个世纪之久的慈禧太后几乎同时死去。皇帝死于光绪三十四年十月二十一日酉时（下午五至七时），太后死于十月二十二日未时（下午一至三时），相距不到20个小时。这一年，正是八国联军攻入北京后的第八年，中国备受帝国主义欺凌侮辱，国势阽（diàn，临近）危，民生凋敝，国将不国。光绪和慈禧同时死亡，老百姓深感震惊、诧异和惶惑，有识之士担心中国这艘千疮百孔的"破舟"会不会在惊涛骇浪中沉没？其命运又该如何？

一

光绪帝和慈禧太后政治上势不两立，矛盾尖锐。一个是38岁的壮年，一个是74岁的老人，两人同时死亡，难道是偶然的巧合？其间是否有不可告人的阴谋？会不会是慈禧太后临死之前唯恐光绪帝复出掌权，故而谋杀光绪？一天阴霾，疑云纷起。逃亡到海外的保皇党人为光绪帝吊丧，大肆声讨慈禧和袁世凯，指责他们是谋害光绪帝的主犯，舆论讨伐，沸沸扬扬。国内人众也狐疑满腹，流言纷纷，清廷对此严加查禁，“悬赏购缉造言煽乱匪徒”（许宝蘅：《巢云簃日记》）。宫廷事秘，“斧声烛影”，谁也不明真相，也不敢公开议论。

其实，在他们死前4年，即光绪三十年（1904），早已有人预言光绪帝先死。清朝外务部右侍郎伍廷芳当年就对日本公使内田康哉透露，光绪帝必定会死在慈禧太后之前。内田康哉问伍廷芳：当皇太后驾崩后皇上会如何？据《内田报告》说：“伍言道：亦如世间传闻，诚为清国忧心之事，万望无生此变。伍话中之意，皇太后驾崩诚为皇上身上祸起之时。今围绕皇太后之宫廷大臣及监官等，俱知太后驾崩即其终之时。于太后驾崩时，当会虑及自身安全而谋害皇上。此时，万望能以我守备兵救出皇帝。”（孔祥吉、村田雄二郎：《罕为人知的中日结盟及其他·绪论》）

其实，慈禧太后死前必会谋杀光绪帝，许多官员太监对此心知肚明，只是不敢说出。国内较早指出这一弑君阴谋的是长期陪侍光绪帝的翰林院侍读学士、起居注官恽（yùn）毓鼎，其工作是记录光绪帝的起居言行。他在宣统三年（1911）四月写成的《崇陵传信录》中说：“（光绪三十四年）十月初十日，上率百僚，晨贺太后万寿，起居注官应侍班，先集于来熏风门外，上步行自南海来，入德昌门，门罅（xià，缝隙）未阖（hé，关闭），侍班官窥见上正扶奄肩，以两足起落作势舒筋骨，为拜跪计。须臾忽奉懿旨‘皇帝卧病在床，免率百官行礼，辍侍班’。上闻之大恸。时太后病泻数日矣，有谮（zèn，诬陷）上者谓帝闻太后病，有喜色。太后怒曰：‘我不能先尔死。’”（恽毓鼎：《崇陵传信录》）

这是恽毓鼎在光绪帝死前11天亲历的记载，所记慈禧所言与伍廷芳告知日本公使的话完全吻合。到了民国二年（1913）正月十七日，此时清朝已亡，言路已开，无所禁忌，恽毓鼎在日记中讲道：“清之亡，虽为隆裕（即光绪的皇后，称隆裕太后。辛亥革命推翻清朝，批准发布退位诏书的就是隆裕太后），而害先帝，立幼主，授载沣以重器，其祸实归于孝钦也。”（恽毓鼎：《澄斋日记》二，632 页）民国以后，《崇陵传信录》传播甚广，慈禧谋害光绪之说得到佐证。越到后来，记事者日多，传闻更甚。许多曾给光绪帝看过病的医生虽都认为光绪身体虚弱，但死前一段时间病情未见加重，身体尚属正常，并无突发急性致死的病症。其中，名医屈桂庭说光绪死前三天“在床上乱滚”，“向我大叫肚子痛得了不得”，且“面黑，舌焦黄”，“此系与前病绝少关系”（《诊治光绪帝秘记》）。

晚清内务府大臣增崇的儿子回忆，他幼年适逢光绪之丧，其父接到光绪死讯后，跟叔叔们说：“就是不对，前天，天子受次席总管内务大臣继禄所带的大夫请脉，没听说有什么事。”“前天继禄请脉后说：‘带大夫的时候，上头还在外屋站着呢，可怎么这么快呢?’一位叔父说：‘这简直可怕啦!’另一位叔父说：‘这里头有什么事儿罢!’我父亲叹了一口气，又摇摇头说：‘这话咱们可说不清啦!’”而且，“光绪身故后，便是销声匿迹地移入宫中，甚至入殓之际究竟是什么样，也无人能知其详，就连在内务府供职的我的父亲、叔父们都讳莫如深，避而不谈”（耆存者《关于光绪之死》，文史资料选辑总 122 期）。

还有曾经陪侍慈禧太后、在宫中生活多年的德龄在《瀛台泣血记》中写道：“万恶的李莲英眼看太后的寿命已经不久，自己的靠山快要发生问题了，便暗自着急起来，他想与其待光绪掌了权来和自己算账，不如还是自己先下手为好。经过几度的筹思，他的毒计便决定了。”德龄在书中虽多处赞扬慈禧太后，但还是说：“我竭力袒护老佛爷，可是对于她之经常虐待光绪，以及她谋害光绪性命的事，我却无法替她找出丝毫藉口。”

新中国成立以后，溥仪从战犯变成平民，在《我的前半生》中写道：“我还听见一个叫李长安的老太监说起光绪之死的疑案。照他说，光绪在死的前一天还是好好的，只是因为用了一剂药就坏了。后来才知道这剂药是袁世凯使人送来的。”

以上这些人所说，虽在细节上有不同或矛盾之处，但都众口一词，猜测或肯定光绪帝被毒害致死。因此，在距今30年之前，历史学界和社会上大多相信此说。

二

20世纪80年代以后，随着对清宫档案整理发掘工作的展开，许多历史学家、档案学家、医学专家在收集光绪脉案及药方的基础上，研究其一生的健康状况，得出与上述截然相反的结论。认为光绪一生身体虚弱，百病丛生，久治不愈，尤其光绪三十四年后病情加重，去世应属正常死亡，而非慈禧等人所谋杀。

专家们提到光绪幼年即身体虚弱，大婚之前稍感风寒，必头疼体瘦，年仅十五六岁已弱不禁风，二十七八岁患耳鸣脑响，渐次加重，又长期遗精。平日因慈禧虐待，生活清苦。戊戌以后长期软禁，食不果腹，衣不暖身，御前所列菜肴虽多，但大多腐臭，不能进口，有时令御膳房添换一菜肴，必先奏知西太后，太后常常以俭德责之，光绪竟不敢言。专家们认为，慈禧的虐待使光绪心情不畅，病体加重，以致死亡。有专家称：“详考清宫医案，用现代医学的语言来说，光绪是受肺结核、肝脏、心脏、风湿等慢性病长期折磨，致使身体的免疫力严重缺失，酿成了多系统的疾病，最终造成心肺功能衰竭，合并急性感染而死亡。”（冯伯祥：《清宫档案揭秘光绪之死》）还有专家说：“从光绪帝临死前的脉案及其亲书的《病原》来分析，其死因属于虚劳之病日久，五脏俱病，六腑皆损，阴阳两虚，气血双亏，终以阳散阴涸，出现阴阳离决而死。”（李秉新：《光绪猝死一案》）

1938年，易县的崇陵（光绪帝陵墓）曾被盗掘，光绪帝尸体暴露在外。1980年清理并重新封闭陵墓之际，曾对其遗骨做过简单检测。由于没有先进的检测仪器，且遗体并无外伤痕迹，亦无中毒表现，故只能以脉案进行分析。光绪帝之死属于正常死亡，遂成定论。

社会上虽有人提出不同意见，但并没有更强有力的新证据。如《启功口述历史》中说：慈禧太后病痢，他的曾祖父（启功为清朝宗室，其曾祖父溥良为晚清礼部尚书）在太后住所外侍疾，“就在宣布西太后临死前，我曾祖父看见一个太监端着一个盖碗从乐寿堂出来，出于职责，就问这个太监端的是什么？太监答道：‘是老佛爷赏给万岁爷的塌喇。’塌喇在满语中是酸奶的意思。当时光绪被软禁在中南海的瀛台，之前也从没有听说过他有什么急症大病，隆裕皇后也始终在慈禧这边忙活。但送后不久就由隆裕皇后的太监小德张（张兰德）向太医院正堂宣布光绪皇帝驾崩了”。然而，启功先生的这段证言并未引起学术界和社会上的重视。

三

进入21世纪，“光绪帝之死”的谜案又被提上日程，从2003年开始，由中央电视台清史纪录片摄制组、清西陵文物管理处、中国原子能科学研究院和北京市公安局法医检验鉴定中心四个单位共同合作，组成“清光绪帝死因”专题研究课题组，运用先进技术，采用精密仪器，对光绪帝头发、遗骨、衣服以及墓内外环境进行了反复检验和缜密分析（崇陵重新封闭时，将光绪帝的若干头发、遗骨与衣服保存在西陵文物管理处库房内）。研究工作极为复杂艰难，时间长达5年之久。

由于崇陵已重新封闭，不能再开棺检验，且年代已久、检材不足，研究工作困难巨大。但课题组运用侦查破案的思维方式，根据信息的产生、传递、处理、还原、应用等原理，充分利用“中子活化”、“X射线荧光分析”、“原子荧光光度”、“液相色谱/原子吸收联用”等一系列现代专业技术手段，通过开展综合分析、模拟实验进行双向推理、多维论证等工作，对西陵保存的光绪帝头发、衣服、遗骨进行检测和研究，最终破解了光绪帝死亡之谜。

研究中，为准确分析和推断光绪帝死时体内微量元素的情况，研究人员将光绪帝头发清洗晾干，再剪切成1厘米长的若干截段分别检测。结果发现，光绪帝的两缕头发截段中含有高浓度的元素砷，其最高含砷量为2404微克/克，远高于正常人头发的含砷量0.25—1.0微克/克，且各截段含量差异很大。砷在自然界分布很广，多以硫化物和氧化物形式存在，主要有雄黄、雌黄、砒霜等，其中，砒霜是剧毒的砷化合物。

为验证光绪帝头发砷含量是否确属异常，研究人员分别提取了隆裕皇后、一个清代草料官以及当代人的头发样本分别进行同时代、同环境、同性别的发砷测试。结果证实，光绪帝的几处头发截段中最高砷含量不仅远远高于当代人样本，也分别是隆裕皇后的261倍和清代草料官的132倍。而且，在将光绪帝发砷与当代慢性砷化物中毒患者发砷进行对比实验后，发现光绪帝头发上最高含砷量是慢性中毒患者最高含量的66倍，且砷分布曲线完全不同。由此证实光绪帝头发中的高含量砷既属异常现象，又非自身服药引起慢性砷化物中毒而成。

那么，光绪帝头发的高含量砷究竟从何而来呢？为弄清这一问题，研究人员首先进行了光绪帝棺椁内外等环境取样与砷元素含量检测。检验结果显示，光绪帝头发中的最高砷含量，是其棺椁内帷幔碎屑等物品最高砷含量的83倍，是墓内外环境样品最高砷含量的97倍。由此，环境污染的可能被排除。接着，研究者又通过含砷物质浸泡模拟实验，发现外界的砷化合物不经过自身机体代谢，也可吸附渗透到头发内。由此推测，光绪帝头发中的高含量砷是由他身体内含有高浓度砷的物质沾染所形成。随着研究的逐步拓展，在排除周围环境物质的沾染后，研究数据把光绪帝头发上大量砷元素的唯一来源，集中指向了光绪帝腐败的尸体。

光绪帝尸体是否是沾染头发的砷的唯一来源？如果是，这些高浓度砷化物又是什么？主要存驻于尸体何处？化合物种类和总量是多少？是否能致其死亡？为搞清这些问题，研究人员决定扩大检测分析范围，并依照法医工作规范取样检验。首先，对光绪帝头发上沾染的残渣物进行重新检测，发现残渣物的砷含量高于头发，从而进一步证明了含高浓度砷的残渣物是头发高含量砷的来源；其次，对光绪帝遗骨进行表面附着物的刮取与检测，结果表明，其中两块遗骨表面沾染了大量的砷，说明砷确实来源于腐败的尸体；随后，对光绪帝随葬衣物进行了全面系统的砷分布检测。光绪帝送检衣物共有五件，包括四件上衣（或外衣）和一条裤子。根据尸体腐败对穿着衣物侵蚀由内向外逐步减轻的一般规律，研究人员依次推定出四件上衣由内到外的穿着顺序。随后依照物质吸附和信息转换还原原理，对接近光绪帝尸体特殊部位的衣物分别取样，进行砷分布检验。结果表明，从同一件内衣看，每件衣物的胃区部位、系带和领肩部位的含砷量都高于其他部位。从穿着层次看，里层衣物的含砷量大大高于外层；从尸体的特殊部位看，衣物掉落下来的残渣（胃肠内容物）的砷含量极高。这说明，大量的砷化合物曾存留于光绪帝尸体的胃腹内，并在尸体腐败过程中由里向外侵蚀衣物，由此造成胃腹部位衣物的高含砷量。

大量砷化物曾在光绪帝体内留存已被实验所证实，但具体是何种砷化物，总量有多少，尚不明确。因此，研究人员又对光绪帝发中高含量砷的砷种态（即砷价态或形态）进行分析，采用液相色谱/原子吸收光谱联用分析法，研究不同种态砷的比例关系，并结合动物模拟实验，判定可能导致光绪帝中毒死亡的砷化合物种类。同时，通过衣物、头发、附着残渣等对光绪帝尸体中的砷化合物总量进行精密测算。结果表明，光绪帝摄入的砷化物是剧毒的三氧化二砷，即砒霜，仅沾染在部分衣物和头发上的砒霜总量就高达约 201.5 毫克。根据相关研究，普通人口服砒霜 60—200 毫克就会中毒死亡。光绪帝摄入体内的砒霜总量，明显大于致死量。

至此，光绪帝死因终于破解，即光绪帝系砒霜中毒死亡。其胃腹部衣物上的砷是其含毒尸体腐败后直接侵蚀遗留所致，而其衣领部位及头发上的大量砷，则由含毒腐败尸体溢流侵蚀所致。这次检测和研究的详情、方法、数据和结论等，由钟里满等 13 位专家写成《清光绪帝死因研究工作报告》。国家清史编纂委员会已将此项研究纳入“国家清史纂修工程重大学术问题研究专项课题”，并将这一学术研究成果对外公开发布。整个研究过程表明，这项工作走出了一条超常规之路，是运用现代科学技术和侦查思维解决历史疑难问题的成功尝试，是自然科学与社会科学研究并肩合作的范例。研究结果也会对我国史学界和全社会发生重大影响。100 年前光绪帝和慈禧太后的死亡，预示了长达 2000 多年中国专制帝制的崩塌。3 年后，武昌起义，孙中山领导的民主革命胜利，清王朝终于被推翻。至此，光绪帝被毒害致死，百年之后得以确证，尘埃落定，真相大白。

四

光绪帝是否被毒死，目前已有答案，至于凶手是谁，尚可研究探讨。以当时条件和环境而论，如果没有慈禧太后的主使、授意，谁也不敢、不能下手杀害光绪帝。慈禧太后蓄意杀害光绪已非一日，早在戊戌变法后，就已酝酿废立与弑杀阴谋。光绪二十四年八月初十日，太后即以光绪帝名义发布谕旨称：“朕躬自四月以来，屡有不适，调治日久，尚无大效。京外如有精通医理之人，即著内外臣工切实保荐候旨，其现在外省者，即日驰送来京，毋稍延迟。”（《德宗实录》卷四三六）其实，自四月以来，光绪正精神振作，意气风发，雷厉风行地进行百日维新，每天颁发许多诏谕，怎么会“屡有不适，调治日久，尚无大效”？这分明是假话，不过是慈禧太后怀着废立与弑杀的心肠，在全国制造光绪病重的假象，以便有朝一日实现她的目的。当时许多人对慈禧玩弄的把戏早已洞若观火，因而有上海绅商经元善等 1200 人联名发电，“请保护圣躬”。

从官方档案众多的脉案、药方看，光绪帝确系体弱多病，但对这些脉案、药方，也要谨慎看待，考察它是什么环境条件下形成的。如江苏名医陈莲舫被征召入京为光绪帝治病，“叩头毕，跪于下，太后与皇帝对座，中置一矮几，皇帝面苍白不华，有倦容，头似发热，喉间有疮，形容瘦弱，……故事，医官不得问病，太后乃代述病状，皇帝时时颔首，或说一二字以证实之。殿廷之上，惟闻太后语音，陈则以目视地，不敢仰首。闻太后命诊脉，陈则举手切帝脉，身仍跪地上，据言实茫然未知脉象，虚以手按之而已。诊毕，太后又缕述病情，言帝舌苔若何、口中喉中生疮如何，但既不能亲视，则亦姑妄听之而已”（许指严：《十叶野闻》）。原来所谓“脉案”，是依照慈禧所说记录在案，如此“脉案”又怎能确证光绪帝的真实病况？

总之，慈禧太后唯恐自己先死，光绪帝复出掌权，尽翻旧案，故而在全国求医问药多次，大造光绪帝病重的舆论，希望光绪帝因体弱多病而先死。但事与愿违，偏偏自己先罹重病，势将不起，故临终之前决定采取谋杀手段。从上述检测结果与史料记载来看，这应是事实的真相。

作者简介

戴逸，1926年生，江苏常熟人。中国人民大学教授，国家清史编纂委员会主任。主要著作有：《中国近代史稿》、《1689年的中俄尼布楚条约》、《简明清史》、《清代人物传稿》（下）、《中国历史大辞典·清史》（上）、《中国大百科全书·中国历史卷·清史》、《乾隆帝及其时代》、《18世纪的中国与世界》、《清通鉴》、《履霜集》、《繁露集》、《语冰集》等。

维护华侨权益的总领事黄遵宪

陈　铮

中国人出国佣工始于明代，清代初期出现契约华工出国，到19世纪80年代初，海外华人达250万之多，遍布世界各大洲许多国家和地区。从19世纪70年代末起，清政府派出大使领事即负有护侨的责任。黄遵宪（1848—1905）字公度，广东嘉应州（治今梅州）人。1877—1894年，先后任驻日本使馆参赞、美国旧金山总领事、英国伦敦使馆参赞和新加坡总领事。本文简述他任旧金山和新加坡总领事时，为维护华侨归侨权益所作的努力和贡献。

抵制美国排华　维护华工华商权益

华工赴美国从19世纪50年代开始渐增。1848年美国西部加利福尼亚州发现金矿，需要大量劳工开采；1863年横贯东西部的中央太平洋铁路开工，需要更多的劳动力。到70年代初，引进华工有10余万，仅旧金山就有数万人。中央太平洋铁路筑路90%为华工。许多美国人士也肯定“中国人实在是非常好的劳工”，“加利福尼亚州的繁荣兴旺实在应当归功于来到此地的中国人所付出的辛勤劳动”。

60 年代末中央太平洋铁路修通后，大量筑路华工和白种人被解雇。70 年代初，美国发生经济恐慌，东部失业者大量向西部迁移，加州就业形势更加严峻。本土人归咎于华工挤占了他们的饭碗，加州首先发生排斥华人事件。而民主党和共和党为竞选总统，便利用排华情绪来争取西部选票，出现了殴打华工、逮捕华人入狱、烧抢华人商店的混乱局面。黄遵宪正是在这样的背景下出任旧金山总领事的。

1882 年（光绪八年）4 月，黄遵宪抵达旧金山。6 月，美国国会通过了排华新法案，规定华工十年内不准进入美国，已在美居住的中国人不得加入美国籍，排华风潮漫延全美，旅美华人的生活和生存受到严重威胁。黄遵宪在长诗《逐客篇》诗序中感慨道，华工之如此受辱是因清朝“到今国极弱”，“有国不养民”。他挺身而出，向美国当局据理力争，维护华侨的合法权益。略举数例如下：

为华商争得入境权。1882 年 8 月，有巴拿马中国商人到美国，海关不准入境。黄遵宪聘请美国律师，向司法当局交涉，指出即使按美国的排华新法案，也只是禁止华工入境。而现在却不准中国商人入境，这不仅不合新法案，而且违背以往订立的中美通商条约。经过交涉，美当局终于允许被扣留的中国商人入境，并以此开由他国来美中国商人得以入境的先例。黄遵宪称这个结果使“自新例以来，所蒙之耻辱，亦赖以一洒，差强人意”。

力争华工假道美境权。美国排华新法案规定不准华人假道，例如：有华人由旧金山出口，船经英属地域后返美，海关便阻止入境。黄遵宪认为这是“背条约，妨国例，且有违公法”的规定，表示“必与之力争”，相信“争之亦终必收效”，驰电美当局，指出这属于由美境过美境，并不是新来美华人，不违犯新法案规定，美方终许放行入境。美司法部承认“凡华工假道美境者，与续来佣工不同，不能作为有犯限禁华工新例”。这个交涉的结果给华工往来带来极大便利。

保护华人洗衣业。来美华人除开金矿、修铁路、种果园、当厨役外，即以开洗衣馆为多，仅旧金山从事洗衣业者就五六千人。他们也成为美国排斥的对象。当局以洗衣馆堆积衣服易于燃火、用水过多、夜间喧扰近邻等为由，屡设禁例。黄遵宪通过律师进行争讼，均经驳除。但也有一些条款，如“不许容留传染病人”，“防火灾、修水渠”等，黄遵宪认为其“意亦不谬”，“原应遵行”，劝说华人“洗衣馆妥立章程，自行检点”，以免授柄于人，再滋事端，而维持华人洗衣业。

解救被捕华人。旧金山设立“住房空间法”，规定每户住房不得小于500立方尺的空间，违者将入狱。这个规定实际上只在华人聚居地区执行，监狱中充满华侨。黄遵宪亲自到监狱探望被捕的华侨。他见狱中拥挤，卫生条件极为恶劣，便令随从实测狱房容积后，当场质问监吏：难道此处的卫生比华侨居住的条件好吗！狱吏理屈词穷，表示道歉，并很快释放被捕的华侨。

作为清政府代表的总领事黄遵宪，在当地华侨受到排斥时，同当局唇枪舌剑，据理力争，维护了华侨的某些合法权益，使得华侨“忻慰之至”，“无不感戴恩泽”。

促成清廷申明保护华侨权利的新政策

南洋诸岛是华侨集聚最早、人数最多的地区之一。是时华侨已有百余万人。驻英法义比大臣薛福成推荐黄遵宪接任新加坡总领事，兼辖槟榔屿、马六甲及附近诸岛。1891年（光绪十七年）10月，黄遵宪抵任后，对南洋各岛华侨情形进行详细考察，了解到那里华侨的历史和现状，未设立领事的各处华侨华商备受欺凌剥削，得不到保护。特别重要的是他发现了南洋华侨与国内关系上存在不协调的状况，并如实禀报薛福成。

黄遵宪报告说，南洋各岛沿海贸易、落地产业，华人约占十之七。华侨旅居海外百余年，但他们的“正朔服色仍守华风，婚姻宾祭亦沿旧俗”。他们对国内各省“筹赈筹防，多捐巨款，竞邀封衔翎顶以荣幸”。黄遵宪称赞这可见华侨的“拳拳本国之心”。但是，他们不敢回国，就是有商人回国，也不敢公开华侨身份，却“不称英人则称荷人”。这是为什么呢？黄遵宪的调查报告指出，原因是国内在对待南洋华侨的态度上存在诸多积弊：归国华侨受到“长官之查究，胥吏之侵扰，宗党邻里之讹索，种种贻累，不可胜言”。“挟资回国之人，有指为逋逃者，有斥为通番者，有谓其运军火接济海盗者，有谓其贩卖猪仔要结详匪者，有拆毁其屋宇不许违造者，有伪造积年契券借索逋欠者”。而华侨“海外羁氓，孤行孑立，一遭诬陷，控诉无门，因是不欲回国”。

黄遵宪分析产生积弊的根本原因，在于顺康施行海禁的影响尚未消除。他建议，“今欲扫除积弊，必当大张晓谕，申明旧例既停，新章早定，俾民间耳目一新”，才可能改变对待华侨的态度，保护华侨归侨的合法权益，改善华侨与祖国的关系。

薛福成根据黄遵宪禀报的内容，于1893年（光绪十九年）6月拟成《请申明新章，豁除海禁折》。7月，光绪帝朱批：“该衙门议奏。”

9月，奕劻等军机大臣据薛福成奏折内容，议奏《请豁除海禁旧例折》。该折说：“中外通商以来，华民佣工，既已任其出洋，岂能禁其回国。”同治年间约章既载华洋人民前往各国，随时来往，定居与否，“均以自便”，因而“国初旧禁，早已不弛之弛，特当时未及广布明文，家喻户晓，吏胥族邻，因得窥罅

(xià，缝隙）滋扰，讹索诬陷，致累朝深仁厚泽，尚未遍背海隅”，认为“薛福成所奏种种积弊，自系实在情形”，“应请如该大臣所奏，敕下刑部，将私出外境之例，酌拟删改，并由沿海各直省督抚出示晓谕州县乡村，申明新章既定，旧禁已除”，“良善商民，无论在洋久暂，婚娶生息”，一概“任其回国，治生置业与内地人民一律看待，并听其随时经商出洋，毋得仍前绪端讹索，违者按律惩治”。

光绪帝阅后朱批：“依议。”清代朱批奏折具有行政和法律效力，因而它是清政府第一次正式申明保护华侨归侨的新政策。是黄遵宪促成了清政府正式颁行保护华侨的新政策。

上述美国华工遭受凌辱和排斥，南洋华侨回国所受的不公正对待的情况，在晚清华侨中具有典型性，也带有不同程度的普遍性。因此，黄遵宪保护华侨的实践和成效在当时及其后都产生过良好的影响。我国海外华侨华人众多，保护华侨权益是永恒的职责。

作者简介

陈铮，1937年生，福建福州人。1961、1964年先后毕业于华东师范大学历史系、中国人民大学近代史研究生班。原中华书局编审，现为国家清史编纂委员会编审组成员。编辑有《林则徐全集》（合作）、《黄遵宪全集》，合作整理标点《碑传集》、《翁同龢日记》，任《北京志·北京广播电视志》特邀副主编（撰稿），发表过一批学术文章和书评。

后　记

清史纂修工作启动以来，在党中央、国务院的亲切关怀和领导小组的正确领导下，在编委会和海内外专家的辛勤劳动和共同努力下，一批新的科研成果相继产生。为充分发挥清史纂修在资政、存史、育人中的重要作用，我们从2006年7月开始编发内部资料《清史参考》，择要刊登在清史纂修工作中形成的部分科研成果。内容包括典章源流、名人史事、档案文献、学术争鸣、资料考证等，力求如实反映清代的政治、经济、文化、科技、军事、外交等各方面情况，为有关部门和领导同志提供资政参考。

2008年8月，为进一步扩大清史纂修工程的影响，使本刊资政、存史、育人之价值泽及社会、服务学界、繁荣文化，我们将《清史参考》已刊发的75期予以结集出版，取其“以史为鉴”之意，名为《清史镜鉴》第一辑，并赢得了良好的社会反响，现将2008年全年48期再次结集为《清史镜鉴》第二辑出版，以飨读者。为方便阅读，我们仍按照学术类别对文章进行分类，各类文章按照时间顺序进行排列；并就其生僻字、词适当加以注释。

《清史镜鉴》的出版得到了清史专家的鼎立支持与帮助，国家清史编纂委员会主任、著名清史专家戴逸先生还欣然为本书撰序，再次表示衷心的感谢。

诚请各界读者批评指正。

国家清史编纂委员会

国家清史纂修领导小组办公室

2009 年 7 月